Pusteblume

Das Lesebuch 2

Neubearbeitung

Herausgegeben von Wolfgang Menzel

Erarbeitet von
Angelika Föhl, Karlsruhe
Nadine Pistor, Köln
Helga Schön, Frankfurt
Ursula Schwarz, Lüdenscheid

Unter Beratung von
Gabriele Ruhl, Pfungstadt

Illustriert von
Matthias Berghahn, Martin Bernhard,
Angelika Çitak, Susanne Göhlich,
Marie Hübner, Stefanie Klaßen,
Sabine Kranz, Bettina Kumpe,
Bianca Schaalburg, Michael Schober,
Susanne Schulte

Schroedel

Werkstatt: Lernen

Werkstatt: Texte verstehen

Werkstatt: Geschichten

Werkstatt: Gedichte

Werkstatt: Darstellendes Spiel

Anhang

Eine Übersicht findet sich im ausführlichen Inhaltsverzeichnis auf den Seiten 198–203.

Im Buch stöbern

1. Wie heißt dieses Lesebuch?

2. Suche im Inhaltsverzeichnis das Kapitel **Ich – du – wir**. Auf welcher Seite fängt es an?

3. Welches Kapitel beginnt auf Seite 30?

4. Was findest du auf Seite 74?

5. Zu welchem Kapitel gehört die Ideenkiste auf Seite 141?

6. Suche dir im Inhaltsverzeichnis eine Übungskiste aus. Merke dir die Seitenzahl. Suche dann die Übungskiste im Buch.

7. Suche dieses Bild: Auf welcher Seite hast du es gefunden?

1 Lies die Kärtchen an der Pinnwand.

2 Suche dir fünf Karten von der Pinnwand aus. Schreibe die Antworten auf.

8. Suche die erste Seite des Kapitels **Bauen**. Wie viele Fotos sind dort abgebildet?

9. Wie viele Tieraugen findest du auf dem Bild von Seite 124?

10. Wie viele Werkstätten gibt es in diesem Buch? Wie heißen sie?

11. In welcher Werkstatt findest du dieses Foto?

12. Jede Werkstatt hat eine andere Farbe. Welche Farbe hat die **Werkstatt: Geschichten**?

13. Von welchem Tier handelt das Gedicht auf Seite 179?

14. Auf welcher Seite beginnen die Erklärungen für wichtige Fachwörter?

3 Denke dir selbst eine Suchaufgabe für ein anderes Kind aus.

Wichtige Zeichen im Buch

1 So ein Zeichen steht vor jeder Aufgabe.

2 Eine Zusatzaufgabe erkennst du an dieser Farbe.

Zusatztexte erkennst du auch an dieser Farbe.

A wie Anfang

Das ABC entdecken

1 Arbeitet zu zweit.
- Welche Buchstaben könnt ihr oben im Bild entdecken?
- Was ist besonders an diesen Buchstaben?

2 Zum ABC sagt man auch Alphabet.
Findet alle 26 Buchstaben des Alphabets oben im Bild.

A B C D E F G H I

J K L M N O P Qu

R S T U V W X Y Z

3 Gestalte den Anfangsbuchstaben deines Vornamens.

- Die Buchstaben des Alphabets wiederholen
- Einen Buchstaben gestalten

▸ Schule: S. 22

Wörter finden

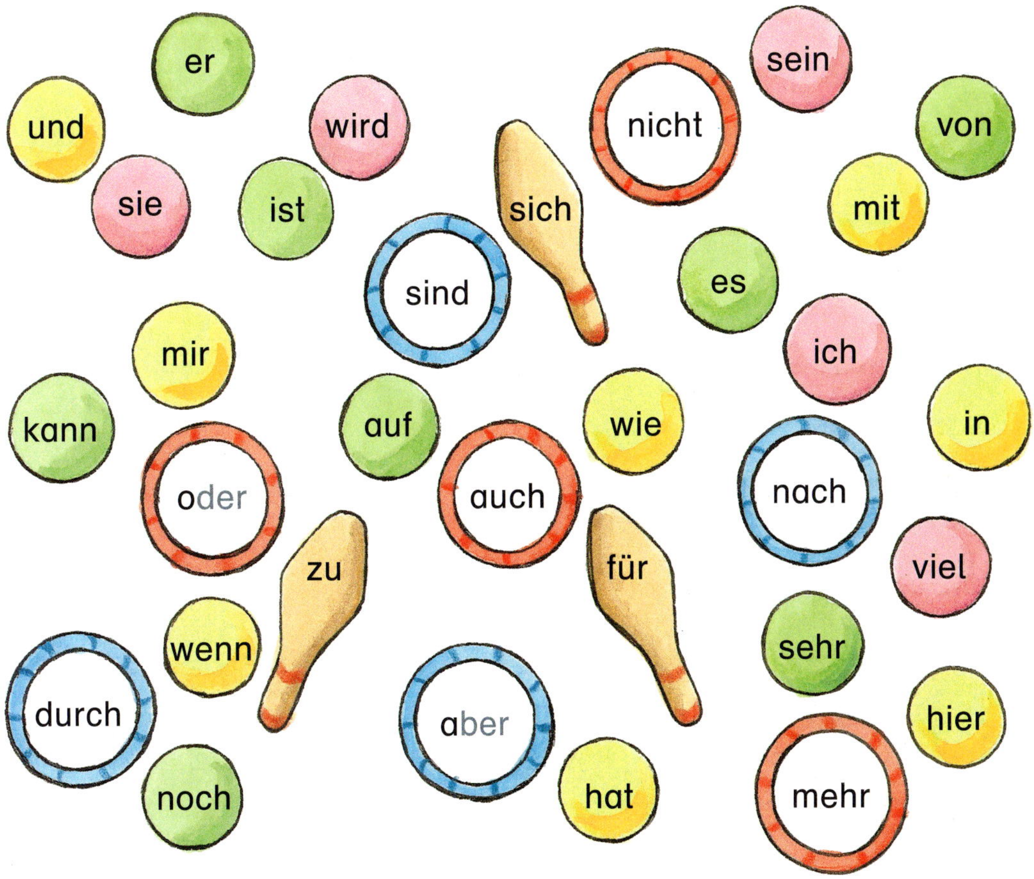

1 Arbeitet zu dritt.
Lest die Spielanleitung und spielt das Spiel.

Spielanleitung
- Ein Kind liest ein Wort vor.
  Die beiden anderen suchen das Wort.
- Wer das Wort findet, tippt darauf
  und erhält einen Punkt.
- Nach 6 Wörtern wird gewechselt.
- Wer am Ende die meisten Punkte hat,
  hat gewonnen.

- Kurze Wörter schnell lesen
- Einen Text lesen und danach handeln

▸ Lernen: S. 142

Wörter genau lesen

Amsel
Apfel
Ampel
Angel

Nagel
Nase
Nudel
Nadel

winken
wanken
wundern
wandern

Schilf
schief
Schiff
Schild

1 Welches Wort passt zum Bild? Tippe mit dem Finger darauf.

Schultor
Schulhof
Schulklasse
Schulleiterin
Schulklappe

Klassenfest
Klassenfahrt
Klassenraum
Klassenbruch
Klassenbuch

Hausschuh
Hausmeister
Hausstunde
Haustür
Hausnummer

2 In jedem Wörterhaus ist ein Quatschwort versteckt.
Tippe mit dem Finger darauf.

Katze Hund Maus Tisch Goldfisch

Schule Pause Lehrerin Klassenzimmer Flugzeug

rot gelb grün fröhlich blau

laufen schlafen gehen rennen joggen

3 Lest zu zweit. Jeder liest eine Zeile.
In jeder Zeile passt ein Wort nicht.
Erklärt euch, warum das Wort nicht passt.

- Wörter genau und sinnverstehend lesen
- Etwas erklären

Immer längere Wörter lesen

Gras
Grashüpfer
Grashüpferbeinchen

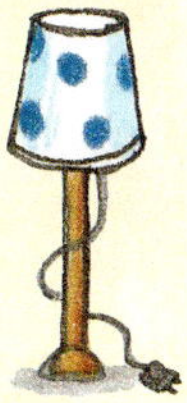

Lampen
Lampenschirm
Lampenschirmständer

Haus
Haustür
Haustürschlüssel
Haustürschlüsselanhänger

Trauben
Traubensaft
Traubensaftflaschen
Traubensaftflaschendeckel

Zimmer
Spielzimmer
Kinderspielzimmer

Gespenst
Schlossgespenst
Spukschlossgespenst

Platz
Spielplatz
Gartenspielplatz
Kindergartenspielplatz

Essen
Kampfessen
Wettkampfessen
Kusswettkampfessen
Schokokusswettkampfessen

1 Lies die Wörter in jedem Kasten von oben nach unten.

2 Lies die Wörter nun von unten nach oben.

3 Bilde selbst ein Wort, das immer länger wird.
Schreibe die Wörtertreppe auf.
Auto …

Immer längere Sätze lesen

Pia teilt.
Pia teilt Lukas.
Pia teilt Lukas mit, dass sie nun nach Hause geht.

Jana bricht.
Jana bricht zusammen.
Jana bricht zusammen mit Tom einen Ast vom Baum ab.

Mats läuft.
Mats läuft über.
Mats läuft über die Wiese.
Mats läuft über die Wiese zum Spielplatz.

Lukas geht.
Lukas geht auf.
Lukas geht auf Mats zu.
Lukas geht auf Mats zu, weil er mit ihm spielen will.

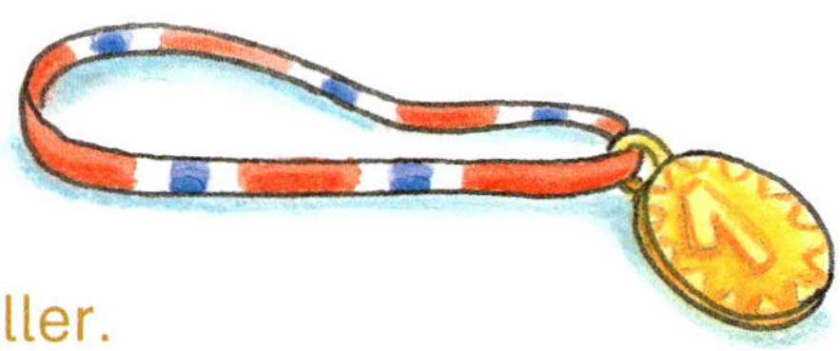

Lena läuft.
Lena läuft ein.
Lena läuft ein bisschen.
Lena läuft ein bisschen schneller.
Lena läuft ein bisschen schneller, weil sie Erste sein will.

1 Lies die einzelnen Absätze.

2 Bilde selbst einen Satz, der immer länger wird.
Schreibe den Treppensatz in dein Heft.

- Treppensätze strukturieren und lesen
- Schreibmuster nutzen

▸ Fantasie: S. 140

Sätze sinnvoll ergänzen

Mit den Augen kann man hören. / gehen. / sehen.

Mit den Ohren kann man hören. / gehen. / sehen.

Mit den Füßen kann man hören. / gehen. / sehen.

In einer Bücherei kann man sich Bücher / Bälle / Bäume ausleihen.

In der Pause spielen alle Rinder / Lehrer / Kinder auf dem Schulhof.

Lisa ist hingefallen. Nun ist in ihrer Soße / Rose / Hose ein großes Loch.

1 Arbeitet zu zweit. Wechselt euch ab.
Der eine liest den Satzanfang.
Der andere findet das passende Wort und liest den Rest vor.

Selbstlaute verändern

Tom liest alles mit o

Aus Rasen macht er Rosen.
Aus Hasen macht er Hosen.

Aus Tannen macht er Tonnen.
Aus Bahnen macht er Bohnen.

Lätizia liest alles mit ä

Aus Hunde macht sie Hände.
Aus Wunde macht sie Wände.

Aus muh macht sie mäh.
Und aus buh macht sie bah.

Sara liest alles mit a

Aus Riesen macht sie Rasen.
Aus Hosen macht sie Hasen.

Aus Gruben macht sie Graben.
Aus Rüben macht sie Raben.

Aus oho macht sie aha.
Aus Popo macht sie Papa.

1 Suche dir einen Text aus.
Welcher Buchstabe fehlt?
Übe den Text und lies ihn dann einem anderen Kind vor.

- Genau lesen
- Wörter verändern
- Einen Text vorlesen

▸ Hör-CD: Nr. 1

Liste und Bild vergleichen

Am Nachmittag findet das Schulfest statt.
Die Klasse 2b will Apfelkuchen backen und verkaufen.
Die Kinder haben die Zutaten auf den Tisch gestellt.

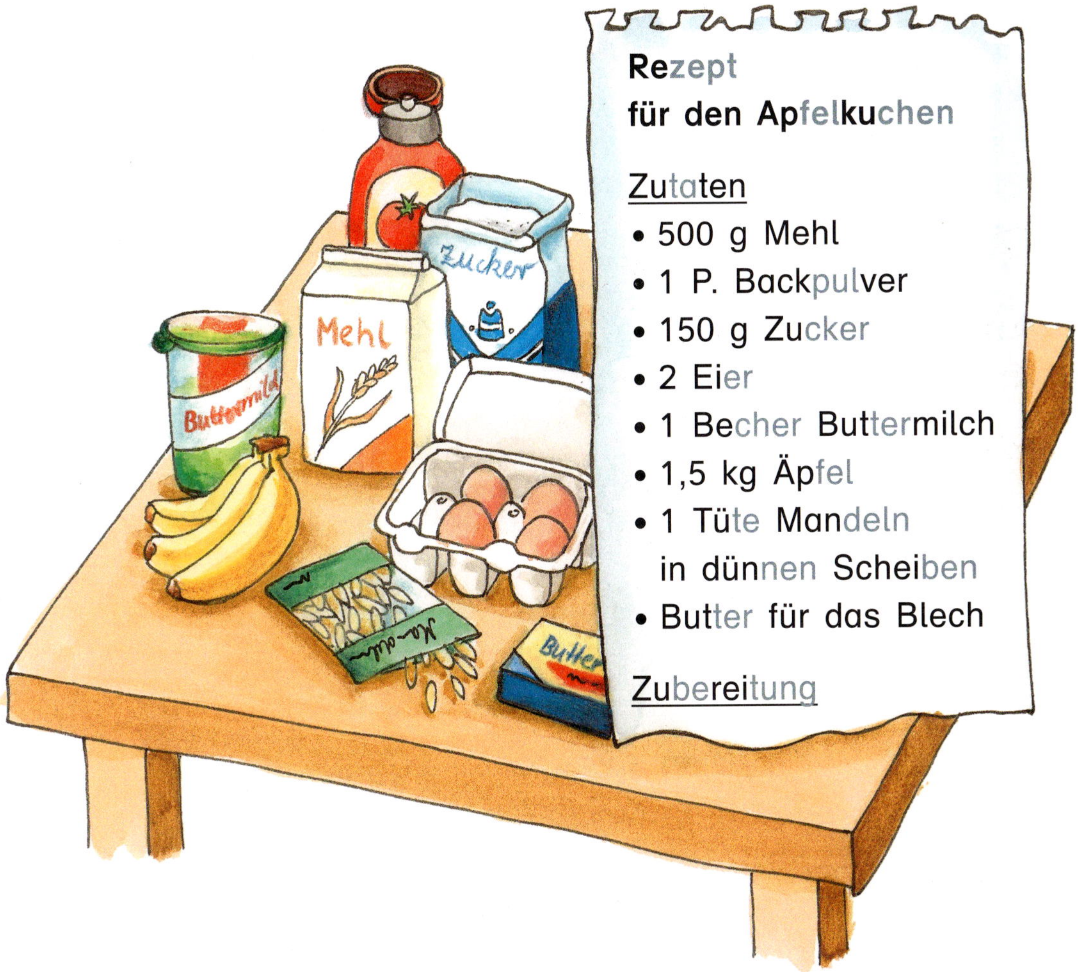

1 Was haben die Kinder vor?

2 Welche Zutaten stehen auf der Liste?
Was steht auf dem Tisch? Vergleiche.
a) Was haben die Kinder vergessen?
b) Was haben sie zu viel mitgebracht?

- Einer Liste Informationen entnehmen
- Text und Bild vergleichen

▸ Schule: S. 28

Sätze und Bild vergleichen

Kasper

1 Kaspers Nase ist weiß.
2 Kaspers Hase ist weiß.

3 Kaspers Hase ist rot.
4 Kaspers Nase ist rot.

5 Kaspers Hose ist bunt.
6 Kaspers Rose ist bunt.

7 Kaspers Schal ist grau.
8 Kaspers Schal ist blau.

9 Kasper trinkt mit der Hand.
10 Kasper winkt mit der Hand.

11 Kaspers Hund hat graue Flecken.
12 Kaspers Hund hat graue Flicken.

13 Der Hund schnüffelt an Kaspers Hosen.
14 Der Hund schnüffelt an Kaspers Hasen.

1 Arbeitet zu zweit und wechselt euch ab.
Einer liest immer zwei Sätze.
Der andere sagt, welcher Satz zum Bild passt.

Einen Text zu zweit lesen

Im Zirkus

Warst du schon einmal im Zirkus?

Hast du dort auch Clowns gesehen?

Und musstest du über die Clowns auch so lachen?

Haben die Clowns sich auch geboxt?

Haben sie nur so getan?

Alle haben geklatscht.

Gab es dort auch Löwen?

War auch ein Seiltänzer im Zirkus?

Ist er heruntergefallen?

Ja, ich war schon einmal im Zirkus.

Ja, ich habe dort auch Clowns gesehen.

Ja, ich musste über die Clowns auch so lachen.

Die Clowns haben sich nicht wirklich geboxt.

Ja, sie haben nur so getan.

Und alle haben gelacht.

Nein, es gab dort Pferde.

Ja, es war auch ein Seiltänzer im Zirkus.

Nein, er ist zum Glück nicht heruntergefallen.

1 Arbeitet zu zweit.
Einer bereitet den Text auf der linken Seite zum Vorlesen vor.
Der andere übt den Text auf der rechten Seite.

2 Lest das Gespräch abwechselnd Satz für Satz.
Lest immer erst dann weiter, wenn euer Partner fertig ist.

▸ Einen Text zum Vorlesen vorbereiten und mit Partner sinngestaltend vorlesen

▸ Lernen: S. 146

▸ Hör-CD: Nr. 2

Rätsel lösen

Man kann sie anziehen.
Manchmal hat sie
eine Bommel.
Sie wärmt den Kopf,
wenn es kalt ist.

Er hat vier Beine.
Er ist aber kein Tier.
Hinten hat er eine Lehne.
Deshalb fällt man nicht
so leicht herunter.
Man kann sich auf ihn
setzen.

Er lebt draußen. Oft versteckt
er sich zwischen Blättern oder
in Hecken. Man kann ihn nicht
streicheln. Er hat Stacheln.

Sie sind im Sommer grün.
Sie können verschiedene
Formen haben.
Man findet sie an allen
Laubbäumen.

1 Was beschreiben die Kinder? Male in dein Heft.
Berfin: …

2 Erfinde selbst einen Rätseltext. Schreibe ihn auf.

- Leserätsel lösen
- Rätseltexte für andere verfassen

Texte und Bilder zuordnen

Straßenwalze

Betonmischer

Planierraupe

Mein Fahrzeug hat eine große Mischtrommel. Die dreht sich während der Fahrt. Das ist wichtig, damit der Beton darin nicht fest wird. In der Trommel sind kleine Männchen, die den Beton umrühren.

Mein Fahrzeug hat eine große Schaufel. Mit der Schaufel schiebt es die Erde zur Seite. Das ist wichtig auf jeder Baustelle.

Anstelle von Rädern hat mein Fahrzeug vorne eine große Walze. Damit walzt es den Boden platt. Das ist wichtig, damit eine Straße gebaut werden kann.

1 Wer erzählt von welchem Fahrzeug?
Lea: …

2 Ein Kind erzählt Quatsch. Was sagt dieses Kind?

- Text und Bild vergleichen
- Texten Bilder und Begriffe zuordnen

▸ Bauen: S. 80/81
▸ Bücher: S. 90, 100
▸ Geschichten: S. 164/165

Schule

In der Klasse

1 Was seht ihr auf dem Bild?

2 Wie sieht es in eurer Klasse aus?

▸ Ein Bild betrachten
▸ Erzählen

▸ Lernen: S. 144/145

Oskar packt seine Schultasche

Ursula Schwarz

Heute packt Oskar seine  besonders gern.
Viele Sachen sind neu und riechen so gut.
Die neuen  kommen zuerst in die  .
Und dann der schöne neue  und die neuen .
Oskar öffnet das  und schaut nach,
ob auch alles darin ist:
ein , der neue ,
die , der ,
der neue , das 
und die  – und die ,
die er in den Ferien am Meer gefunden hat.

Der  ist zu groß.
Der kommt in eine  – fertig!

Und das Frühstück für die Schule?
Die , die  und einen 
packt Oskar erst morgen früh ein.

Ich könnte das Blatt für mein Portfolio nehmen!

1 Welche Dinge in Oskars Schultasche sind neu?

2 Was packst du in deine Schultasche?
Schreibe und male.

- Informationen entnehmen
- Schreibideen entwickeln
- Texte verfassen

Wandas Schulgeschichten

Dagmar Geisler

Ich heiße Wanda und ich gehe in die zweite Klasse.
Deshalb kann ich jetzt schon alles schreiben,
nicht bloß meinen Namen.

Meinen Namen konnte ich schon schreiben,
bevor ich in die Schule gekommen bin.
Meine Freundin Katti
und die meisten anderen Kinder
konnten das auch.
Nur Maximilian hatte keine Lust,
seinen Namen zu schreiben.

Er hat gesagt:
„Das Wort ist mir viel zu lang und zu pieksig.
Ab sofort heiße ich Otto!
Das Wort Otto sieht nämlich viel schöner aus.“

Das stimmt.
Und es passt auch viel besser zu Max.

1 Wie sind die Namen **Wanda** und **Otto** gestaltet?

2 Wie heißt du? Wie würdest du gern heißen?
Schreibe und gestalte deinen Namen so wie Wanda und Otto.

- Ein Akrostichon kennenlernen
- Schreibmuster nutzen

▸ Lernen: S. 150 (Portfolio)
▸ Texte verstehen: S. 152

Das Fee-ABC

Cornelia Pape

A B C und **D** Heut' traf ich eine Fee.
E F G H I So etwas gab's noch nie.
J und **K** und **L** Um sie war alles hell.
M N O und **P** Ihr Kleid war weiß wie Schnee.
Q R S T U Sie sprach: „Was wünschest du?"
V und **W** und **X** Ich rief: „Ich wünsch' mir nix!"
Y und **Z** Sie lacht: „Das find' ich nett!"
Und war ganz plötzlich weg.

Das ICE-ABC

Angelika Föhl

A B C und **D** Heut' fahr' ich ICE.
E F G H I Ich komm' voran wie nie.
J und **K** und **L** Der Zug fährt richtig schnell.
M N O und **P** Vorbei an Berg und See.
Q R S T U Ich mach' die Augen zu.
V und **W** und **X** Die Zeit vergeht wie nix.
Y und **Z** Ich fühl' mich wie im Bett.

1 Wähle ein ABC-Gedicht aus. Lerne es auswendig.

2 Schreibe selbst ein ABC-Gedicht.

Warum? Genau!

Text: Charlotte Bär

Musik: Wolfgang Menzel

Lesen, rechnen, spielen, toben,
schreiben, malen, meckern, loben.
Warum? Genau!
Die Schule macht uns schlau!

Turnen, singen, reden, hören,
Fragen stellen, flüstern, stören.
Warum? Genau!
Die Schule macht uns schlau!

Streit beginnen, Späße machen,
sich vertragen, spielen, lachen.
Warum? Genau!
Die Schule macht uns schlau!

1 Das Lied könnt ihr singen oder rappen. Denkt euch zu den einzelnen Strophen passende Bewegungen aus.

2 Erfindet eine weitere Strophe.

- Ein Lied inszenieren
- Einen Text weiterschreiben

▶ Das Jahr: S. 112, 116
▶ Lernen: S. 142
▶ Darstellendes Spiel: S. 184
▶ Hör-CD: Nr. 5

Von der Schule nach Hause

Alina Lasko

Alina, Marco und Toni gehen nach der Schule immer allein nach Hause.

Die Kinder laufen die Schulstraße entlang. Am Zebrastreifen überqueren sie die Kirchstraße. Sie biegen in die Kirchstraße ein. Beim Zoogeschäft beobachten sie die Meerschweinchen im Schaufenster. Dann gehen sie weiter.

An der Ampel warten Alina, Marco und Toni auf Grün. Die drei überqueren die Turmstraße und gehen noch kurz auf den Spielplatz. Dort rutschen sie. Nun können sie schon Tonis Haus sehen.

Vor Tonis Haus bleiben die drei Kinder stehen und verabreden sich für den Nachmittag. Dann biegen Alina und Marco in die Ringstraße ein. Alina kauft beim Bäcker ein Brot.

Vor Marcos Haus verabschiedet Marco sich von Alina. Alina schaut nach links, nach rechts und nach links. Dann überquert sie die Ringstraße. Mama wartet schon auf Alina und fragt: „Wieso kommst du so spät?“

1 Arbeitet zu zweit.
Einer liest einen Abschnitt, der andere verfolgt den Weg der Kinder mit dem Finger auf dem Bild.
Wechselt euch ab.

2 Wo verlieren die Kinder auf dem Nachhauseweg Zeit?

3 Erzähle von deinem Schulweg.

- Karte und Text in Beziehung setzen
- Zusammenhänge erkennen

▸ Lernen: S. 142, 144

Stefan ist nicht mehr mein Freund

Gudrun Spitta

Julias Gesicht ist ganz rot,
als sie aus der Schule kommt.

„Ich bin ja so sauer!“, ruft sie.

„Was ist denn los?“, fragt die Mama.

„Stefan ist gemein!
So gemein!“

„Warum denn?“

„Stefan hat mir versprochen,
dass ich heute auf seinem Rad fahren darf.
Und dann…“

„Was dann?“

„… und dann hat er Sascha fahren lassen
und mich nicht!
Nie wieder spiele ich mit Stefan!
Stefan ist nicht mehr mein Freund.“

„Und was ist morgen früh?
Wenn Stefan kommt
und dich zur Schule abholen will?
Soll ich ihn dann wegschicken?“

Julia denkt nach – lange.

1 Warum ist Julia sauer?

2 Welche Gedanken gehen Julia durch den Kopf?
Male, schreibe oder spiele.

- Ich – du – wir: S. 53
- Lernen: S. 146
- Geschichten: S. 169, 170

Übungskiste

Ein Bild mit einem Text vergleichen

Auf dem Schulhof

Es ist Winter und sehr kalt. Auf dem Schulhof sind zwölf Kinder. Drei Kinder essen und trinken. Zwei Jungen zanken sich. Zwei Kinder treten gegen eine Tonne. Ein Kind klettert auf dem Klettergerüst. Am Fenster hängen drei Schmetterlinge. Die Lehrerin steht an der Tür.

1 Arbeitet zu zweit.
Lest jeden Satz und vergleicht ihn mit dem Bild.
Stimmt er?

2 Stellt euch gegenseitig Fragen zu dem Bild.
Welche Farbe hat das Schulgebäude?

Ideenkiste

Mein geheimer Freund

Jedes Kind der Klasse schreibt seinen Namen auf einen Zettel, faltet ihn und legt ihn in einen Korb. Dann darf jedes Kind einen Zettel ziehen.

Lies den Namen, der auf deinem Zettel steht, nur für dich. Du darfst niemandem verraten, wen du gezogen hast. Jetzt weißt nur du, wer in der nächsten Woche dein geheimer Freund ist. Auch dein geheimer Freund darf dies nicht wissen.

Zu deinem geheimen Freund solltest du besonders freundlich sein. Du kannst dir auch etwas Besonderes für ihn überlegen. Aber übertreibe es nicht!

Am Ende der Woche darf jedes Kind raten, wer wohl sein geheimer Freund war. Toll ist es, wenn man sagen kann, warum.

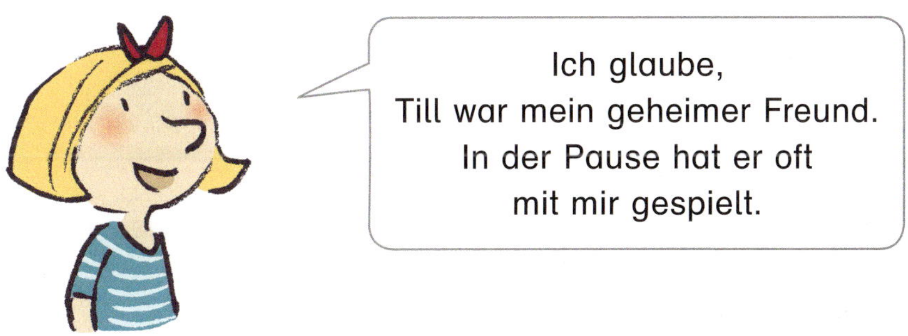

Alle Namenszettel werden wieder eingesammelt. In der nächsten Woche beginnt das Spiel von vorne.

▶ Natur: S. 75
▶ Bauen: S. 85
▶ Das Jahr: S. 123

Tiere

Mein Lieblingstier

Stefanie (6 Jahre): Katze und Sonne

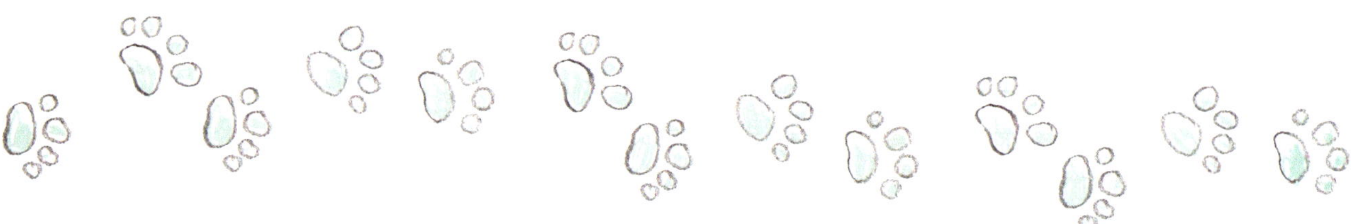

1 Hast du ein Tier oder wünschst du dir eins?
Erzähle.

2 Male ein Bild von deinem Lieblingstier.
Warum magst du dieses Tier? Schreibe zu deinem Bild.
Überlege, ob du es in dein Portfolio aufnehmen möchtest.

- Ein Kunstwerk betrachten
- Erzählen und zuhören
- Schreibideen entwickeln

▸ Lernen: S. 150 (Portfolio)

Kleine Katzen

James Krüss

Kleine Katzen sind so drollig
Und so wollig und so mollig,
Dass man sie am liebsten küsst.
Aber auch die kleinen Katzen
Haben Tatzen, welche kratzen.
Also Vorsicht! Dass ihr's wisst!

1 Was ist schön an Katzen?
Warum muss man mit Katzen aber auch vorsichtig sein?

2 Lerne das Gedicht auswendig.

Minka

Sabine Kalwitzki

Nina ist eine richtige kleine Schmusekatze. Genau wie ihre Katze Minka. Minka ist auch sehr schlau. Deswegen bringt Nina ihr oft kleine Kunststücke bei. Aber in letzter Zeit will Minka immer nur schlafen. Sie wird dicker und dicker, obwohl sie gar nicht so viel frisst. „Was hat Minka nur?“, fragt sich Nina.

Eines Morgens ist Minka verschwunden. Sie liegt nicht mehr in ihrem Körbchen. Nina sucht Minka in der Küche. Aber da ist sie nicht. Hat Minka sich vielleicht auf dem Dachboden versteckt? Sie schaut nach. Nein, dort ist sie auch nicht. Nina hat eine Idee: Vielleicht ist Minka im Gartenhäuschen. Vorsichtig öffnet Nina die Tür.

Im Gartenhäuschen ist es dunkel und warm. Was für eine Überraschung! Mitten in Ninas alter Babywiege liegt Minka und schmust mit ihren Katzenbabys. Es sind drei süße kleine Katzenkinder. Nina streichelt die Kätzchen, und Katzenmama Minka schnurrt stolz und zufrieden. Bald kann Nina der ganzen Katzenfamilie neue Kunststücke beibringen.

1 Wie verändert sich die Katze Minka am Anfang der Geschichte?

2 Warum hat Minka sich versteckt?

- Informationen entnehmen
- Zusammenhänge herstellen

▸ Texte verstehen: S. 152, 154

▸ Hör-CD: Nr. 7

Die ersten Wochen der Kätzchen

Helga Schön

Katzenbabys wiegen bei der Geburt 70–100 Gramm, gerade so viel wie ein kleiner Apfel. Am Anfang ist ihr Fell noch kurz, und die Katzenbabys sehen nackt aus. Sie können nicht sehen und nicht hören. Aber sie können ihre Mutter riechen.

Die Mutter füttert die Kleinen mit ihrer Milch und beschützt sie. Es dauert zehn Tage, bis die Kätzchen gucken können. Mit drei Wochen laufen sie. Neugierig untersuchen sie die Welt um ihr Körbchen herum. Jetzt wachsen ihnen auch die Milchzähne.

Die Katzenbabys beginnen, feste Nahrung zu fressen. Die Katzenmutter zeigt den Kleinen, wie man Mäuse fängt, und alles, was sie für ihr Katzenleben lernen müssen. Drei Monate nach der Geburt sind sie selbstständig. Dann können sie in ein neues Zuhause wechseln.

1 Was können die Katzenkinder nach der Geburt?

2 Wann können die Katzenkinder laufen?

3 Lies den Satz in Zeile 14.
Was bedeutet **feste Nahrung**?
Was fressen die Kätzchen nun?

Wie Findus zu Pettersson kam

Sven Nordqvist

Es war einmal ein alter Mann, der hieβ Pettersson. Er wohnte in einem kleinen Haus auf dem Lande, und es ging ihm fast so gut, wie es ein alter Mann eben erwarten kann. Nur fühlte er sich manchmal etwas einsam. Ziemlich oft sogar.

Eines Tages kam Beda Andersson vom Nachbarhof zu Besuch, um sich ein wenig zu unterhalten. Beda Andersson merkte, dass er traurig war. „Du hast nicht mal eine Katze.“ „Nee“, sagte Pettersson und dachte lange nach. „Eine Katze macht ja nicht viele Umstände. Vielleicht sollte ich eine haben...“

In der nächsten Woche kam Beda Andersson wieder. Diesmal brachte sie einen Pappkarton mit. „Hier kriegst du ein bisschen Gesellschaft“, sagte sie und überreichte Pettersson den Karton. „Was ist das?“, fragte der Alte und las, was auf dem Karton stand. „Findus grüne Erbsen“ stand darauf. Im Karton piepste es. Pettersson öffnete ihn, und dort, auf einem grün gestreiften Stück Stoff, stand ein Katzenjunges. Es sah Pettersson in die Augen und piepste. „Hej, Findus grüne Erbsen“, sagte Pettersson,

und er hatte ein Gefühl, wie wenn man an einem Sommermorgen das Rollo hochzieht und das warme Sonnenlicht strömt herein.

Die Tage wurden jetzt viel leichter für Pettersson. Das Haus war nicht mehr leer.

Eines Tages, als sie in einer Illustrierten blätterten, stellte Findus sich plötzlich mitten auf die Zeitschrift und betrachtete lange ein Bild von einem Clown, der eine große gestreifte Hose trug. „So eine Hose will ich auch haben“, sagte Findus. Pettersson starrte ihn an. Das waren die ersten Worte, die der Kater gesprochen hatte.

„Die kriegst du“, sagte der Alte. „Ich näh dir sofort eine Hose.“ Und während er den Nähkasten hervorholte, lächelte er glücklich vor sich hin. Was für einen wunderbaren Kater er doch bekommen hatte!

1 Wie heißt der alte Mann in der Geschichte?

2 Wie kommt der Kater Findus zu seinem Namen?

3 Warum hat die Nachbarin Pettersson den Kater geschenkt?

4 Was ist das Besondere am Kater Findus?

5 Lies noch einmal die Zeilen 31–33.
Was für ein Gefühl wird hier beschrieben?

- Informationen entnehmen
- Eine Textstelle klären

▸ Texte verstehen: S. 154, 156, 160

▸ Hör-CD: Nr. 8

Die Olchis und der Schmuddel-Hund

Erhard Dietl

Der Müllberg ist für die Olchis ein Paradies. Hier haben sie alles, was sie brauchen: Matschpfützen, rostige Dosen, Fischgräten, Ofenrohre und jede Menge anderen Krempel.

Olchi-Mama hat fein gekocht. Es gibt Schmuddel-Eintopf mit geriebenen Schuhsohlen. Und Rostnagel-Suppe mit Fahrradöl. Nach dem Essen meckern die Olchi-Kinder: „Was sollen wir spielen? Uns ist so furz-langweilig!“ „Setzt euch in eine Pfütze und macht ein paar Matschknödel!“, schlägt Olchi-Papa vor. „Matschknödel sind auch furz-langweilig!“, brummelt das eine Olchi-Kind.

Olchi-Oma hat eine bessere Idee: „Spielt doch mit unseren Haustieren! Wir haben hier so nette Kröten und Ratten, Fliegen und Spinnen!“ „Na gut“, sagen die Olchi-Kinder.

Plötzlich sehen sie ein unbekanntes Tier über den Müllberg laufen. Es hat vier Beine und hinten einen lustigen Schwanz. Mit seiner schwarzen Nase schnüffelt es im Müll herum. „Das ist ein Hund!“, erklärt ihnen Olchi-Opa.

Die Olchi-Kinder rennen zu dem Hund hin. Er hat ein weiches Fell und lässt sich gerne streicheln. „Du bist ein nettes Tierchen“, sagt das eine Olchi-Kind. „Aber leider schrecklich sauber!“

Die Olchi-Kinder reiben den Hund mit braunem Matsch ein. Jetzt sieht er gleich viel krötiger aus.

In Olchi-Papas Badewanne bekommt er ein schönes Müllbad. Danach müffelt er schön olchig. „Läusefurz und Klopapier, jetzt haben wir ein Müffeltier!“, freuen sich die Olchi-Kinder.

Da taucht ein feiner Herr am Müllberg auf. Er blickt sich suchend um und ruft: „Akira! Akira!“ Der Hund spitzt die Ohren und läuft zu ihm hin. „Endlich hab ich dich gefunden!“, freut sich der Mann. „Ich hab dich so vermisst!“ Er nimmt den Hund an die Leine und rümpft die Nase. „Meine Güte, wie du riechst! Und wie du aussiehst! Wo hast du dich nur wieder gewälzt?“ „Er hat mit uns gespielt!“, rufen die Olchi-Kinder. „Er ist nämlich ein Schmuddel-Hund!“

1 Was ist bei den Olchi-Kindern anders als bei anderen Kindern?

2 Wie wird aus dem Hund Akira ein Schmuddel-Hund?

▸ Texte verstehen: S. 154

Finja und Pocito

Lieselotte Heimlich

Draußen ist es sonnig und warm. Aber das ist Finja egal. Finja ist traurig. Sie sitzt in ihrem Zimmer und denkt an Pocito. Pocito ist Finjas Kater – oder besser gesagt: Pocito war Finjas Kater. Denn Pocito ist jetzt tot. Der Tierarzt hat gesagt, dass da etwas im Bauch von Pocito gewachsen ist, das da nicht hingehört. Tumor nannte er dieses Ding. Pocito musste operiert werden, aber er ist nicht wieder gesund geworden.

Sie haben Pocito in einer schönen Kiste im Garten von Oma und Opa begraben. Finja vermisst ihren kleinen Freund. Jede Nacht hat er sich in ihr Zimmer geschlichen und am Fußende von ihrem Bett geschlafen. Und wenn die Sonne ins Zimmer schien, hat er immer versucht, die Lichtstrahlen einzufangen. Finja will das alles nicht vergessen.

Da kommt Mama in Finjas Zimmer. Sie gibt Finja ein schönes Buch mit vielen weißen Seiten. Auf dem Buchdeckel klebt ein Foto von Finja und Pocito. „Hier kannst du alles aufschreiben, malen oder einkleben, was du mit Pocito erlebt hast. So wirst du ihn nicht vergessen.“ Finja ist froh. Auf die erste Seite malt sie sofort ein Bild von Pocito.

1 Hast du schon einmal erlebt, dass ein Tier gestorben ist? Erzähle.

Interview mit einem Tierarzt

Wie wird man eigentlich Tierarzt?

Man muss an der Uni Tierheilkunde studieren. Man nennt das auch Veterinärmedizin. Das Studium dauert mehrere Jahre.

Wo behandeln Sie die Tiere?

Die meisten Tiere werden in meiner Praxis behandelt. Ich mache aber auch Hausbesuche.

Kommen die Tiere gerne zu Ihnen in die Praxis?

Viele Tiere haben Angst vor der Behandlung. Sie kommen ja meistens, weil es ihnen nicht gut geht. Einige wollen gar nicht reinkommen.

Was ist für Sie besonders wichtig an diesem Beruf?

Ich nehme mir Zeit für die Untersuchung der Tiere. Es ist mir sehr wichtig, geduldig und freundlich mit den Tieren umzugehen.

1 Warst du mit einem Tier schon einmal beim Tierarzt? Erzähle.

2 Was hast du in diesem Interview Interessantes oder Neues erfahren?

3 Was würdest du einen Tierarzt gerne einmal fragen? Schreibe deine Fragen ins Heft.

- Über Erfahrungen sprechen
- Informationen wiedergeben
- Fragen formulieren

- Ich – du – wir: S. 61
- Bücher: S. 98/99
- Texte verstehen: S. 156
- Hör-CD: Nr. 10

Kaninchen und Meerschweinchen

Ingrid Peia

Wachsen Kaninchenzähne ständig nach?

Kaninchen sind immerzu am Knabbern. Sie fressen gerne Heu, Kräuter und Wurzeln. Sie kauen ihr Futter nicht wie Menschen, sondern sie zermahlen es durch seitliche Bewegungen der Kiefer. Dadurch werden ihre Zähne ständig abgerieben. Das ist aber nicht schlimm, denn die Zähne wachsen immer wieder nach.

Lebt das Meerschweinchen eigentlich im Meer?

Die meisten Meerschweinchen mögen es gar nicht, wenn ihr Fell nass wird. Und wie Schweine sehen sie eigentlich auch nicht aus!

Wie sind sie nur zu ihrem merkwürdigen Namen gekommen? Ganz einfach: Sie kamen über das Meer zu uns. Spanische Seefahrer brachten die Meerschweinchen von Südamerika nach Europa. Und die Laute der Meerschweinchen erinnern an die der Schweine. Sie können nämlich auch ganz herrlich quieken und grunzen.

Können Kaninchen sprechen?

Kaninchen können zwar nicht reden, aber sie beherrschen die Sprache der Gesten und Laute. Sie können schnüffeln, grunzen und fiepen. Wälzen sie sich auf dem Rücken, fühlen sie sich wohl. Stampfen sie dagegen mit den Hinterläufen, sind sie wütend. Haben Kaninchen Angst, trommeln sie mit ihren Pfoten.

Wusstest du,

- dass Meerschweinchen und Kaninchen Rudeltiere sind? Sie fühlen sich einsam, wenn sie allein gehalten werden.
- dass Kaninchen kleiner sind als Hasen und kürzere Hinterbeine und Ohren haben?
- dass Kaninchen bis zu 30 Junge im Jahr bekommen?

1 Lies die Überschriften der Texte.

2 Wähle eine Überschrift aus, die dich interessiert. Lies den Text dazu.

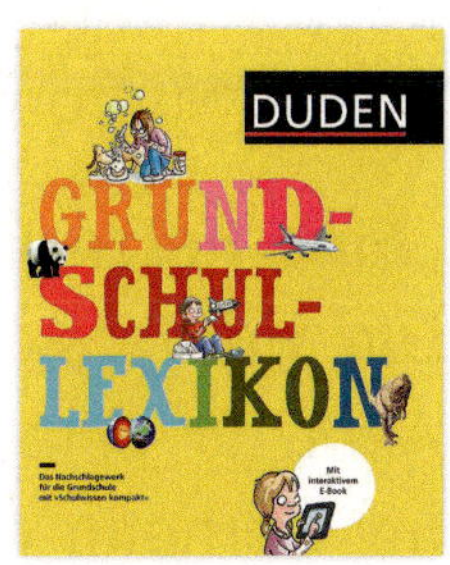

3 Was hast du erfahren? Erzähle davon.

4 Lies in einem Sachbuch oder Lexikon etwas zu einem Thema, das dich interessiert.

Ein Haustier für Leon

Martin Nader

Leon kommt aufgeregt von der Schule nach Hause. Er ist noch nicht ganz in der Wohnung, da beginnt er schon zu erzählen:

„Mama! Merles Kaninchen haben Junge bekommen! Ich kann so viele bekommen, wie ich möchte, sagt Merle. Ist das nicht toll? Ich freue mich so!“ Leons Mutter schweigt.

„Und Lisas Farbmäuse bekommen auch bald Nachwuchs. Davon bekomme ich zwei!“ Leons Mutter schweigt.

„Basti hat zwei Ratten, aber die sollen keine Junge bekommen, hat er gesagt. Sein Vater meint, dass zwei Ratten schon mehr als genug sind. Aber wenn sie doch Junge bekommen, dann nehmen wir auch welche, ja? Bitte, Mama!“ Leons Mutter schweigt.

„Eine Katze können wir dann natürlich nicht haben. Die würde sich mit den anderen Tieren wohl nicht vertragen. Aber für einen kleinen Hund wäre doch noch Platz! Im Tierheim gibt es so viele Hunde, die kein Zuhause haben.

Wenn du arbeitest und ich in der Schule bin, sind unsere anderen Tiere nicht so allein. Unser Hund passt dann auf sie auf. Ja, das ist ein guter Plan!"
Leons Mutter schweigt.

„Der große Bruder von Aylin hat eine Bartagame. Das Tier heißt Brutus und lebt in einem Terrarium in seinem Zimmer. Das ist doch total langweilig! Aylin darf nie mit der Bartagame spielen. So ein Tier will ich auf keinen Fall!"
Leons Mutter schweigt.

„Ich werde ganz viel mit meinen Tieren spielen und kuscheln. Wann können wir die Kaninchen abholen, Mama? Und wo kann der Käfig mit den Farbmäusen stehen? Der Hund kann sein Körbchen in meinem Zimmer haben, oder? Wann gehen wir ins Tierheim und fragen nach einem Hund?"

Da holt Leons Mutter tief Luft und sagt: „Ich denke, du wirst dich für ein Haustier entscheiden müssen, Leon. Lass uns mal genau überlegen, welches Tier am besten zu uns passt!"

1 Warum kommt Leon aufgeregt von der Schule zurück?

2 Warum soll Leon sich für ein Tier entscheiden?

3 Wähle eines der Tiere auf den Fotos aus.
Finde heraus, was für die Haltung wichtig ist.

- Informationen entnehmen
- Zusammenhänge herstellen
- Recherchieren

▶ Tiere: S. 45
▶ Texte verstehen: S. 152, 154
▶ Hör-CD: Nr. 12

Übungskiste

Wörter in einen Lückentext einsetzen

Im Tierheim

In einem Tierheim ___ Tiere auf ein neues Zuhause.

Wenn ein Tier ins ___ kommt, wird es zuerst gründlich von einem Tierarzt untersucht.

Ist es krank, wird es ___ gepflegt.

Erst dann kann ein neuer ___ für das Tier gefunden werden.

In den meisten Tierheimen gibt es einen ___ für Hunde, einen Bereich für Katzen und einen Bereich für Kleintiere.

Zu den Kleintieren gehören zum Beispiel Kaninchen, Meerschweinchen und ___.

Tiere brauchen viel Pflege. Das kostet Zeit und ___.

Man muss es sich gut ___, ob man sich ein Haustier anschafft.

Tierheim

warten

Bereich

gesund

Besitzer

Geld

überlegen

Vögel

1 Arbeitet zu zweit.
Einer liest den Satz, der andere findet das fehlende Wort.
Lest dann den vollständigen Satz noch einmal vor.

Ideenkiste

Voneinander lernen und Wissen teilen

Sammelt in der Klasse Informationen zum Thema **Tiere**.
Stellt diese Informationen aus und lernt voneinander.

Expertengespräche
Du kannst ein Foto von einem Tier mitbringen oder ein Tier malen.
Sprich mit anderen darüber, was du über das Tier weißt.

Ausstellungstisch
Bringe Bücher, CDs oder DVDs zum Thema mit.

Info-Mappe
Schreibe auf, wenn du etwas Interessantes herausgefunden hast.
Du kannst auch etwas dazu malen oder aufkleben.
Sammelt alles in einer Info-Mappe.

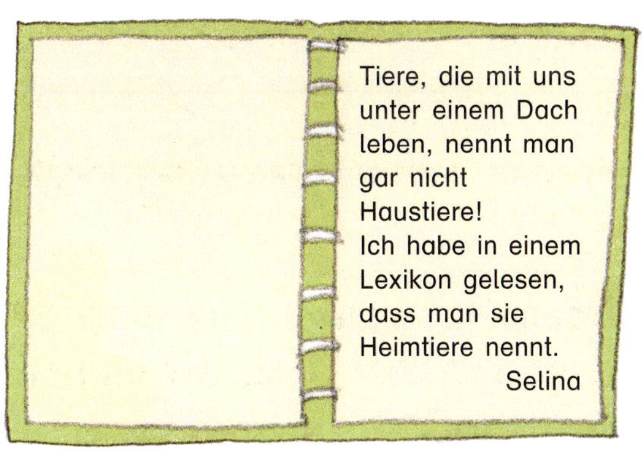

Ich – du – wir

Das bin ich

1 Was siehst du auf dem Bild? Was liest du?

2 Überlege: Warum ist jedes einzelne Kind wichtig?

- Einer Text-Bild-Kombination Informationen entnehmen
- Gedanken formulieren

Ich

Anne Steinwart

Ich kann rennen
tanzen springen
kann ein Lied
mit sieben Strophen
singen

Ich kann weinen
und kann lachen
kann Handstand und
ein bisschen Salto
machen

Ich kann verstehen
was du meinst
kann dich trösten
wenn du
weinst

Ich kann dir
Pfannekuchen backen
und wenn du müde bist
dann kraul ich deinen
Nacken

1 Das Kind im Gedicht kann viele Dinge.
Was davon gefällt dir?

2 Was kannst du?

3 Schreibe über dich: *Ich kann …*
Möchtest du den Text in dein Portfolio aufnehmen?

- Sich eine Meinung bilden
- Schreibideen entwickeln

▸ Ich – du – wir: S. 48, 49
▸ Lernen: S. 150 (Portfolio)
▸ Gedichte: S. 178
▸ Hör-CD: Nr. 13

Was ich mag

Minne

Ich mag die Wiese
hinter Omas Haus:
Da geht es bergab
und ich lege mich lang hin
und rolle herunter.
Gestern haben mein Bruder
und ich uns umarmt und sind
zusammen hinuntergerollt.
Das war noch viel toller.

Ich mag den Duft von Toastbrot,
wenn ich morgens in die Küche komme.

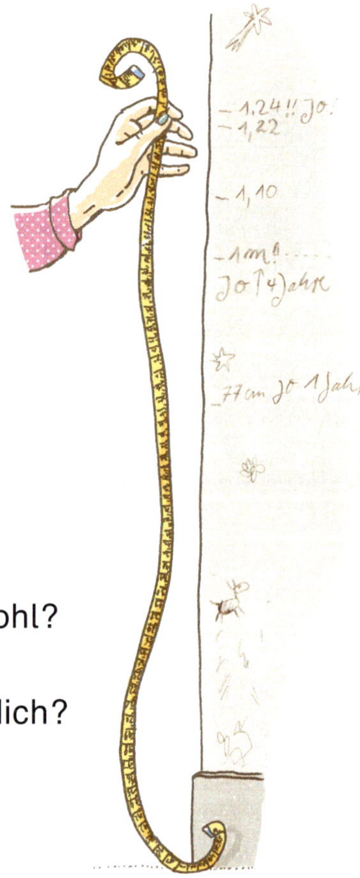

Ich mag es, wenn Mama misst,
wie groß ich bin, und sagt:
„Das ist ja unglaublich!
Lass noch mal sehn!
Stehst du auch bestimmt nicht
auf Zehenspitzen?
Also, dann bist du
schon wieder gewachsen!“

1 Was mögen diese drei Kinder? Warum wohl?

2 Was magst du gern? Worüber freust du dich? Schreibe es auf.

3 Male ein Bild zu deinem Text.

- Informationen entnehmen
- Schreibmuster nutzen
- Einen Text illustrieren

▸ Ich – du – wir: S. 47, 49
▸ Lernen: S. 150 (Portfolio)

Manchmal wär ich gern …

Erhard Dietl

Manchmal wär ich gern ein Erfinder.
Ich erfinde dann wichtige Sachen
gegen den Krieg
und gegen den Hunger
und gegen Krankheiten.
Aber ich erfinde auch
lustige Dinge für mich selbst:
Im Sommer baue ich
eine automatische Eimerdusche
zur Abkühlung.
Wenn es heiß wird,
zieh ich einfach an der Schnur.

Manchmal wär ich gern ein Astronaut.
Ich lande mit meiner Rakete
auf einem fremden Planeten.
Wenn ich den Kindern dort erzähle,
dass wir auf der Erde in die Schule gehen
und jeden Tag Hausaufgaben
machen müssen, lachen sie sich schief.
Ich bleibe sehr lange auf dem Planeten.
Mindestens bis zu den großen Ferien.

1 Arbeitet zu zweit. Jeder liest einen Text.
Welche Idee in eurem Text gefällt euch besonders gut?
Erzählt es euch.

2 Was wärst du gern? Male und schreibe.
Manchmal wär ich gern …

- Informationen entnehmen
- Stellung zum Text beziehen
- Schreibmuster nutzen

▸ Ich – du – wir: S. 47, 48
▸ Lernen: S. 142, 150 (Portfolio)

Lachen macht glücklich

Helga Schön

Warum lachen wir? Wir lachen, weil etwas lustig ist, weil andere lachen oder weil jemand einen Witz gemacht hat. Wirst du gekitzelt, musst du auch lachen. Oder du siehst ein lustiges Bild oder einen lustigen Film.

Manchmal lachen wir sogar aus Schadenfreude. Denn wenn jemandem etwas Dummes passiert und er dabei komisch aussieht, müssen wir auch darüber lachen. Oft reicht es sogar schon, das Lachen zu verbieten, und wir prusten los. Versucht das einmal, aber schaut euch dabei in die Augen!

Lachen macht glücklich. Aber für den Körper ist Lachen anstrengend. Viele Muskeln bewegen sich im Gesicht, am Hals, an den Schultern und sogar im Bauch. Du atmest tief ein und pustest die Luft schnell wieder heraus. Dein Kopf wird manchmal rot. Nach langem Lachen bist du ganz erschöpft: Du hast dich schlapp gelacht! Aber Lachen ist auch gesund. Denn danach hast du viel mehr Abwehrstoffe in deinem Blut. Du bist also besser gegen Krankheiten geschützt.

1 Warum lachen wir? Nenne drei Gründe.

2 Warum ist Lachen gesund?

Weinen ist wichtig

Wolfgang Menzel

Wenn dir Tränen
über die Wangen laufen,
bist du meist traurig oder wütend.
Aber auch vor lauter Freude
können dir Tränen kommen.
Dann sagst du:
Ich habe Tränen gelacht!
Bis zu 80 Liter Tränen
vergießen wir in unserem Leben.

Weinen erleichtert.
Es hilft uns, mit Gefühlen wie Kummer,
Zorn und Trauer besser fertigzuwerden.
Wir zeigen damit anderen Menschen,
dass es uns nicht gut geht
und dass wir Hilfe und Trost brauchen.
Besonders wichtig ist das für Babys.

Manche Menschen weinen nur heimlich,
vielleicht, weil es ihnen peinlich ist,
ihre Gefühle offen zu zeigen.

Menschen und Säugetiere haben Tränendrüsen.
Die Tränenflüssigkeit daraus wird
aber nicht nur zum Weinen gebraucht.
Sie wird mit jedem Lidschlag über die Augäpfel verteilt.
Dadurch bleiben die Augen feucht und sauber.
Richtig weinen aber können nur wir Menschen.

1 Warum weinen wir? Nenne drei Gründe.

2 Warum ist Weinen wichtig?

▸ Informationen entnehmen

▸ Texte verstehen: S. 152, 156

Der wütende Willi

Hiawyn Oram

Einmal lebte ein Junge, der Willi hieß. Er wollte unbedingt aufbleiben und den Wildwestfilm sehen.

„Nein“, sagte seine Mutter, es ist schon spät. Geh ins Bett.“ „Dann werde ich wütend“, sagte Willi. „Dann werde wütend“, sagte seine Mutter.

Das wurde er auch. Sehr, sehr wütend. So wütend, dass seine Wut sich in eine **Gewitterwolke** verwandelte und mit Donner, Blitz und Hagel zerplatzte. „Das reicht“, sagte seine Mutter. Aber es reichte gar nicht.

Willis Wut verwandelte sich in einen **Orkan**, der Hausdächer, Schornsteine und Kirchturmspitzen herunterriss. „Das reicht“, sagte sein Vater. Aber es reichte gar nicht.

Willis Wut verwandelte sich in einen **Taifun**, der ganze Städte ins Meer schleuderte. „Das reicht“, sagte sein Großvater. Aber es reichte gar nicht.

Willis Wut verwandelte sich in eine **Explosion des ganzen Weltalls**, und die Erde und der Mond und die Sterne und die Planeten, Willis Land und Willis Stadt, seine Straße, sein Haus, sein Garten und sein Zimmer waren nur noch Trümmer im All.

Willi saß auf einem Felsstück vom Mars und überlegte. Er überlegte und überlegte. „Warum war ich eigentlich so wütend?“, überlegte er. Aber er konnte sich nicht mehr erinnern.

1 Warum wird Willi wütend?

2 Wie verändert sich Willis Wut?

3 Wie ist es dir ergangen, als du einmal richtig wütend warst? Male oder schreibe.

Familien können ganz verschieden sein

Das ist Mias Familie.
Mia hat vier Geschwister.

Nino lebt meistens
bei seinem Vater.
Am Wochenende
und in den Ferien ist er
bei seiner Mutter.

Lisa und Robert wohnen
bei der Mutter
und ihrer Freundin.

Hendrik und Marie leben
bei Maries Mutter
und Hendriks Vater.
Am Wochenende sind sie
oft bei den anderen
Elternteilen.

5

Sofias Mutter konnte nicht für Sofia sorgen. Da haben Bernd und Luise sie adoptiert. Bernd und Luise sind ihre Adoptiveltern.

6

Meist ist Alexander mit seiner Mutter allein. Alexanders Vater arbeitet im Ausland und kommt nur manchmal nach Hause.

7

Diese Kinder leben in einem SOS-Kinderdorf mit Isabelle als Mutter und vielen Geschwistern. Die Eltern konnten nicht für die Kinder sorgen oder sind gestorben.

1 Arbeitet zu zweit.
Seht euch die Bilder an und lest die Texte.
Wie unterscheiden sich die Familien?

2 Male deine Familie und schreibe dazu.

Luis und Amanda

Judy Blume

Meine Schwester heißt Amanda.
Ich nenne sie immer die Superschlaue,
denn sie bildet sich ein, sie sei superschlau.

Sie sagt: „Ich bilde mir das nicht nur ein,
ich weiß es!“
Wenn sie das sagt, lache ich mich immer schlapp.
Dann wird sie wütend.
Es macht Spaß, sie wütend zu machen.

Wen interessiert schon,
ob sie in der dritten Klasse ist
und ich in der ersten?
Davon wird sie auch nicht schneller.
Oder stärker. Oder auch nur schlauer.

Ich verstehe nicht,
warum Mama und Papa immer so tun,
als wäre sie was Besonderes.
Manchmal glaube ich,
sie mögen sie lieber als mich.

Mein Bruder heißt Luis, aber alle nennen ihn Lu. Alle außer mir. Ich nenne ihn Nervzwerg, denn genau das ist er. Ein erstklassiger Nervzwerg.

Und das wird er immer bleiben, auch wenn er hundert Jahre alt wird. Selbst dann bin ich immer noch zwei Jahre älter als er. Und weiß immer noch besser über alles Bescheid. Und weiß immer noch genau, was er gerade denkt. So ist das nun mal.

Ich verstehe nicht, warum Mama und Papa immer so tun, als wäre er was Besonderes. Manchmal glaube ich, sie mögen ihn lieber als mich.

1 Warum nennt Amanda Luis Nervzwerg?

2 Warum nennt Luis seine Schwester die Superschlaue?

3 Luis und Amanda glauben beide, dass die Eltern das Geschwisterkind lieber mögen. Wie kommen sie darauf?

- Informationen entnehmen
- Informationen beurteilen
- Gedanken formulieren

▸ Texte verstehen: S. 152, 154

▸ Hör-CD: Nr. 15

Lisas Vater

Marjaleena Lembcke

Lisas Vater wohnt in München. Lisa lebt mit ihrer Mutter in Frankfurt. München und Frankfurt sind ziemlich weit voneinander entfernt. Mit dem Zug fährt man ungefähr drei Stunden. Mit dem Auto auch. Manchmal nimmt Lisas Vater das Flugzeug, wenn er Lisa besucht. Er kommt immer, wenn er Zeit hat. Also etwa alle zwei Wochen. Lisa freut sich jedes Mal riesig, wenn sie ihn sieht. Und wie gerne würde sie ihrer besten Freundin zeigen, wer ihr Vater ist.

Lisas beste Freundin heißt Anneli, und obwohl sie schon fast drei Jahre zusammen in denselben Kindergarten gehen, hat Anneli Lisas Vater noch nie gesehen. Denn seit drei Jahren leben Lisas Eltern getrennt, und da ihr Vater immer nur am Wochenende da ist, hat er Lisa noch nie zum Kindergarten gebracht oder sie von dort abgeholt. Auch die Sommerfeste hat er alle verpasst.

Aber Lisas Vater hat versprochen, dass er auf jeden Fall zu dem allerletzten Kindergartensommerfest kommen wird. Im Herbst beginnt für Lisa nämlich die Schule. Und für Anneli auch.

„Mein Vater fliegt am Freitag mit dem Flugzeug zu uns nach Frankfurt“, erzählt Lisa Anneli. „Damit er früh genug da ist. Und am Samstag gehe ich mit meiner Mutter und meinem Vater und mit Oma und Opa zum Kindergartenfest. Du kannst auch mit uns gehen, wenn du willst.“ Anneli schüttelt den Kopf. „Ich gehe doch mit meinen Eltern und meinen Großeltern.“ „Ich zeige dir dann meinen Vater“, sagt Lisa. „Er ist sehr groß.“ „Mein Vater ist auch ziemlich groß“, sagt Anneli. „Väter sind groß.“

Am Freitag wartet Lisa aufgeregt darauf, dass sie endlich zum Flughafen fahren. Gerade, als sie losfahren wollen, klingelt das Telefon. Es ist Lisas Vater. Erst redet er mit Lisas Mutter, dann will er Lisa sprechen. „Mein Schatz, es tut mir leid, mir ist etwas dazwischengekommen. Ich kann jetzt doch nicht hier weg. Wir haben einige Probleme in der Firma. Das verstehst du doch, oder?“

„Nein“, sagt Lisa und legt auf.

1 Sprecht zu zweit über Lisa:
- Worauf freut sie sich?
- Welche Gedanken gehen Lisa nach dem Anruf vom Vater durch den Kopf?

2 Spielt das Gespräch am Telefon. Wie könnte es weitergehen?

Übungskiste

Stolperwörter finden

Wer ich bin und was ich mag

Ich heiße Tom, und ich bin sieben Adrian Jahre alt. Mit meiner Familie wohne ich in einer großen ist Stadt. Meine Schwester ein Pia ist neun Jahre alt. Aki gehört guter auch zur Familie. Er ist ein Hund, und ich mag ihn sehr Freund gern. Am und Wochenende besuche ich oft meine Großeltern. Mit meinem Opa erlebe ich immer tolle Sachen Lisa. Mein Opa kann spannende Geschichten ist erzählen. Ich meine spiele auch gerne Fußball in einer Mannschaft. Mein Freund Luca und ich gehen am Freitag immer Freundin zum Training.

1 Lies die Geschichte halblaut Satz für Satz.
In jedem Satz passt ein Wort nicht.
Tippe mit dem Finger auf das Stolperwort.

2 Schreibe die Stolperwörter hintereinander in dein Heft.
Alle zusammen ergeben einen Lösungssatz.

3 Schreibe selbst einige Sätze in dein Heft.
Verstecke Stolperwörter darin. Lass ein anderes Kind die Stolperwörter in deinem Text finden.

- Syntaktisch unpassende Wörter finden
- Schreibmuster nutzen

Ideenkiste

Großeltern-Interview

Deine Oma und dein Opa waren auch einmal so alt wie du.

Befrage deine Großeltern nach ihrer Kindheit.
Überlege dir vorher einige Fragen und schreibe sie auf.
Du kannst das Gespräch auch aufnehmen.

Frage deine Großeltern auch
nach Fotos und Dingen aus ihrer Kindheit.
Erzähle in der Klasse von deinen Ergebnissen.

- Fragen formulieren
- Ein Interview führen
- Ergebnisse präsentieren

▸ Tiere: S. 39
▸ Bücher: S. 98/99

Natur

Tiere und Pflanzen

1 Schaut euch die Bilder zu zweit an.
Was entdeckt ihr? Was kennt ihr?

2 Spielt mit den Bildern:
- Ich sehe was, was du nicht siehst
- Paare finden

- Vorwissen aktivieren
- Zu Bildern erzählen
- Spielanregungen aufnehmen

▸ Lernen: S. 142

Heute geh ich aus dem Haus

Helme Heine

Heute geh ich aus dem Haus
in die weite Welt hinaus.

Will mit meinen Augen sehen,
wie der Fuchs den Hasen jagt
und der Biber Bäume nagt.

Will mit meinen Ohren hören,
was der Wind dem Raben sagt
und der Frosch im Stadtpark quakt.

Will mit meiner Nase riechen,
was so durch die Lüfte fliegt
und in unserm Garten blüht.

Will mit meiner Zunge schmecken
Nachbars Äpfel, Birnen, Pflaumen
und den ungewaschnen Daumen.

Will mit meinen Händen fühlen,
ob der Schmerz im Feuer liegt
und der Igel wirklich pikt.

Müde schleiche ich nach Haus –
Doch morgen geh ich wieder aus!

1 Was will das Kind alles erleben?

2 Was könnt ihr draußen in der Natur
sehen, hören, riechen, schmecken und fühlen?

3 Verändere das Gedicht mit deinen Ideen.

Will mit meinen Augen sehen,
wie …

- Informationen entnehmen
- Über Erfahrungen sprechen
- Schreibmuster nutzen

- Lernen: S. 150 (Portfolio)
- Texte verstehen: S. 152
- Gedichte: S. 178

- Hör-CD: Nr. 17

Natur

Achim Bröger

„Schön ist es hier in der Natur“,
freut sich Tims Mutter bei einem Spaziergang.
Auch Tim gefällt es hier sehr gut.
Die Luft um ihn herum, das Wasser im Bach,
die Tiere, die Pflanzen,
das alles gehört zur Natur.

Eines ist in der Natur vom anderen abhängig.
Gäbe es zum Beispiel kein Wasser,
könnten Menschen, Tiere und Pflanzen nicht leben.
Sie würden verdursten.

Aber auch hier draußen, weit vor der Stadt, wurde von den Menschen viel verändert. Wege wurden zum Beispiel neu angelegt, Bäume und Sträucher gepflanzt und Bäche begradigt. Naturbelassen ist diese Gegend also nicht.

Eigentlich versteht man unter Natur, was nicht von Menschen geschaffen wurde. Das sind die Lebewesen, das Wasser, die Erde, die Luft, die Himmelskörper, aber auch die Atome, aus denen alles zusammengesetzt ist.

Manche Gebiete erklärt man zu Naturschutzgebieten. Dort will man die Lebensräume und Landschaften erhalten. So schützt man verschiedene Pflanzen und Tiere vor dem Aussterben.

1 Lebst du auf dem Land oder in der Stadt?
Was magst du draußen in der Natur am liebsten?
Berichte davon.

2 Gehe nach draußen und fotografiere etwas aus der Natur,
zum Beispiel einen Baum, eine Blume oder ein Tier.
Schreibe dazu.

- Informationen entnehmen
- Über Erfahrungen sprechen
- Schreibideen entwickeln

- Lernen: S. 144, 150 (Portfolio)
- Texte verstehen: S. 152

Regenwurmtage

Antje Damm

Ida ist auf dem Weg zur Schule.

Plötzlich macht sie eine Entdeckung. Da kringelt sich ein graurosa Regenwurm auf dem Gehweg in einer Pfütze.

Sie beobachtet den Wurm eine Weile. Er will sich vergraben. Aber dort, wo er liegt, kann er das nicht: auf dem Asphalt in einer kleinen Wasserpfütze. Eigentlich mag Ida lieber Tiere mit einem weichen Fell. Aber Tiere sind Tiere, denkt sie und der Regenwurm braucht Hilfe, auch ohne Fell. Er ertrinkt sonst in der Pfütze. Regenwürmer gehören in die Erde, das weiß Ida. Also nimmt sie den Wurm vorsichtig mit den Fingern hoch. Der Wurm ringelt sich und zappelt. Sie versucht den Wurm nicht zu sehr zu drücken, aber er ist glitschig. Das ist gar nicht so einfach mit dem Regenwürmerretten. Sie setzt ihn in einen Vorgarten und sieht zu, wie er sich eilig in der Erde vergräbt. Ein paar Schritte weiter liegt der nächste und noch einer und noch einer und so weiter. Viel Arbeit, denkt Ida, ein Notfall nach dem anderen. Regenwürmer überall. Ida zählt mit. Es sind viel mehr als 15.

Irgendwann kommt sie endlich an der Schule an. Die rote Tür zum Klassenzimmer ist schon geschlossen. Ida muss klopfen und dann wartet sie, bis sie die laute Stimme der Lehrerin hört. Was sie sagt, hört Ida nicht, aber sie drückt die kalte Türklinke mit der erdverschmierten Hand runter, öffnet die Tür ein kleines bisschen und linst durch den Spalt im Klassenzimmer. „Komm rein!“, sagt Frau Bender und deutet auf Idas leeren Platz neben Faruk. Alle gucken Ida an. Ida zittert ein bisschen, weil sie plötzlich so aufgeregt ist. Frau Bender fragt: „Warum bist du denn so spät?“ „Ich habe Regenwürmer gerettet!“, sagt Ida mit Stolz in der Stimme. „Igitt!“, raunt es von den Tischen.

1 Was geht Ida durch den Kopf, als sie den ersten Wurm sieht? Spiele die Situation nach und sprich dabei Idas Gedanken.

2 Lies noch einmal die Zeilen 40–45. Warum sagen die Kinder in Idas Klasse wohl „Igitt!“? Was hättest du gesagt?

Der Regenwurm

Aus einem Kinderlexikon

Regenwürmer leben im Boden von Wäldern, Wiesen, Äckern und Gärten. Dort bohren sie bis zu drei Meter tiefe Röhren. Der Boden wird dadurch locker und belüftet.

Wenn es sehr stark regnet, füllen sich die Gänge der Regenwürmer mit Wasser. Die Regenwürmer kriechen dann aus dem Boden heraus, weil sie nicht mehr genug Sauerstoff bekommen.

Draußen sind sie jedoch auch in Gefahr. Das Sonnenlicht ist für ihre empfindliche Haut sehr schädlich. Sie vertrocknen oder werden gefressen.

Feinde der Regenwürmer sind der Igel, der Maulwurf, die Erdkröte, die Spitzmaus, die Amsel und viele andere Vögel.

1 Arbeitet zu zweit.
Lest den Text und stellt euch gegenseitig Fragen zu jedem Textabschnitt.

2 Forsche selbst im Internet bei *www.fragfinn.de* zum Regenwurm.

Wie sieht ein Regenwurm aus?

Wovon ernährt sich der Regenwurm?

Warum ist der Regenwurm nützlich?

- Informationen entnehmen
- Fragen formulieren
- Im Internet recherchieren

- Lernen: S. 142
- Texte verstehen: S. 152, 154, 156

Unterm Rasen

Josef Guggenmos

Es laufen die Kinder
und raufen und spielen,
und unter ihnen
im Erdreich wühlen
die Würmer, die vielen.

Doch was sie da unten
im Dunkeln, im Kühlen,
die Würmer, die vielen,
beim Wühlen fühlen –
keine Sprache beschreibt es.
Es ist ein Geheimnis und bleibt es.

1 Lasst euch das Gedicht vorlesen.

2 Vergleicht das Gedicht
mit dem Text aus dem Kinderlexikon.
Was ist ähnlich? Was ist anders?

- Zuhören
- Textsorten vergleichen

- Das Jahr: S. 110/111, 115
- Texte verstehen: S. 154, 160/161

Der Wald

Angela Weinhold

Was ist ein Wald?

Der Wald ist wie eine große Familie, in der Bäume und Pflanzen ganz eng zusammenleben. Hier finden viele Tiere Nahrung, Schutz und ein Zuhause.

Wo leben die Tiere im Wald?

Der Wald ist wie ein großes Haus. Auf allen Stockwerken wohnen Tiere. Unter dem dichten Dach aus Blättern leben die meisten Vögel und Insekten. Auch das Eichhörnchen baut hier sein kugelrundes Nest. Die anderen scheuen Waldbewohner sind bei Tag nur selten zu sehen.

Wer wohnt unter der Erde?

Manche Tiere bauen sich ein Haus unter der Erde, wie zum Beispiel der Dachs. Sein Bau hat mehrere Zimmer, die er mit seinen scharfen Krallen gegraben hat. Der Fuchs zieht mitunter in einen Dachsbau ein. Füchse und Dachse vertragen sich gut. Auch Kaninchen und Mäuse haben eine unterirdische Wohnung.

Die wichtigsten Tiere jedoch sind winzig klein. Unzählige davon leben im Waldboden und fressen das Laub der Bäume, den Abfall. Dabei entsteht Nahrung für alle Pflanzen im Wald. Ohne diese Kleintiere könnte der Wald nicht leben.

Was ist nachts los im Wald?

Wenn du ins Bett gehst, wird der Wald erst wach! Viele Tiere werden jetzt munter und kommen aus den Verstecken, in denen sie tagsüber geschlafen haben. Im Schutz der Dunkelheit suchen sie Nahrung.

1 Was hast du Interessantes oder Neues im Text erfahren? Berichte davon.

2 Warum sieht man bei einer Wanderung durch den Wald nur selten die größeren Tiere?

3 Suche Informationen über Waldtiere in Sachbüchern, Kinderlexika oder im Internet, zum Beispiel bei *www.blinde-kuh.de*.

- Informationen entnehmen
- Zusammenhänge erkennen
- Recherchieren

▸ Tiere: S. 45
▸ Texte verstehen: S. 152, 154, 156

Bäume

1 Schaut euch die Bilder genau an.
Was wisst ihr über die Bäume?

- Vorwissen aktivieren
- Beschreiben

▸ Lernen: S. 142

Baumrätsel

A Mich kannst du am leichtesten erkennen.
Mein Stamm hat eine weiße Rinde
mit dunklen Flecken.
Meine Zweige sind sehr dünn
und wehen wie Haare im Wind.

B Kein anderer Baum hat
so eine zerfurchte Rinde wie ich.
Mit meinen Eicheln kannst du toll basteln.
Man kann sie aber auch im Wald lassen
für Wildschweine und Eichhörnchen.

C Ich bin einer der größten Bäume
bei euch im Wald.
Ich habe eine glatte, graue, fast silbrige Rinde.
Meine Samen schmecken allen:
Wildschweinen, Mäusen und Menschen.

D Ich bin auch im Winter grün.
Die Menschen pflanzen uns häufig,
weil sie uns als Weihnachtsbaum
nehmen wollen.
Eichhörnchen und Mäuse knabbern
die Samen aus meinen Zapfen.

1 Welcher Text passt zu welchem Bild?
A – Birke
B – …

2 Schreibe selbst ein Baumrätsel.

- Rätsel lösen
- Texte und Bilder zuordnen
- Schreibmuster nutzen

- A wie Anfang: S. 17
- Bücher: S. 90, 100
- Geschichten: S. 164/165

Übungskiste

Textabschnitte in die richtige Reihenfolge bringen

A Nach einer Weile bleibt Papa stehen.
Er zeigt auf einen großen Hügel am Waldboden.
„Seht mal dort!“, sagt Papa.
„Das ist der Nesthügel der Roten Waldameise.“

W Heute ist ein schöner sonniger Tag.
Lili und Tom gehen mit Papa in den Wald.
Lili und Tom sind sehr gespannt,
was Papa ihnen heute zeigen will.

D Deshalb gehen Lili und Tom ganz vorsichtig näher.
Sie staunen über das Gewimmel auf dem Ameisenhügel.
Die Ameisen schleppen Tannennadeln und Laub
und sogar eine tote Raupe.

L Den Nesthügel wollen sich Tom und Lili
jetzt genauer ansehen.
„Seid vorsichtig!“, sagt Papa.
„Ameisen verteidigen ihr Nest.
Sie können beißen
und Ameisensäure verspritzen.“

1 Die Abschnitte des Textes sind durcheinandergeraten.
Mit welchem Abschnitt fängt die Geschichte an?
Wie geht sie weiter?
Die Buchstaben vor den Abschnitten ergeben
in der richtigen Reihenfolge ein Lösungswort.

2 An welchen Stellen im Text hast du gemerkt,
wie die Geschichte weitergeht? Erkläre.

- Informationen entnehmen
- Textabschnitte ordnen
- Erklären

▸ Geschichten: S. 172/173

Ideenkiste

Gemeinsam ein Natur-Mandala gestalten

Aus Dingen, die ihr in der Natur findet, könnt ihr draußen oder drinnen ein Mandala gestalten. Das indische Wort **Mandala** bedeutet **Kreis**.

Sammelt Steinchen, Blätter, Gräser, Früchte, Blüten, Tannenzapfen. Damit legt ihr dann gemeinsam ein kreisrundes schönes Bild.

Zur Erinnerung könnt ihr ein Foto von eurem Mandala machen.

▸ Lernen: S. 142

Bauen

Wie Menschen wohnen

1 Erzählt zu den Bildern.
Welche Wohnungen und Häuser kennt ihr?

2 Wo und wie würdest du gern wohnen? Warum?

- Fotos betrachten
- Erzählen und zuhören
- Erklären und begründen

- Lernen: S. 142, 144
- Geschichten: S. 162

In meinem Haus

Gina Ruck-Pauquèt

In meinem Haus,
da wohne ich,
da schlafe ich,
da esse ich.

Und wenn du willst,
dann öffne ich
die Tür
und lass dich ein.

In meinem Haus,
da lache ich,
da weine ich,
da träume ich.

Und wenn ich will,
dann schließe ich
die Tür
und bin allein.

1 Wovon erzählt das Gedicht?

2 Was kann mit **Haus** alles gemeint sein?

3 Schau dir die Türscheibe an.
Was würde auf deiner Scheibe stehen?

4 Lerne das Gedicht auswendig.
Überlege dir zu jeder Strophe passende Bewegungen.

Der Hausbau

Erwin Moser

Der Frosch und der Biber
trafen sich einmal
auf einem Gerümpelplatz.
„Wie wäre es“, sagte der Frosch,
„wenn wir uns mit den Brettern hier
eine Baumhütte bauen würden?“

„Ja, toll, machen wir!“,
sagte der Biber,
der nichts lieber tat als Hausbauen.
Sie gingen gleich an die Arbeit,
und bald darauf war die Hütte
fertig gezimmert.

Aber weil sie so schön
in Schwung waren,
bauten sie auf die Hütte
noch eine zweite Hütte
und um den Baumstamm
noch zwei weitere.

„Schön und gut“, sagte der Frosch.
„Aber was da fehlt, ist ein Turm!“
Und damit der Turm
nicht alleine ist,
bauten sie noch einen zweiten.

Na ja, letzten Endes sind es dann drei Türme geworden. Als das Bauwerk fertig war, standen der Frosch und der Biber davor und betrachteten es lange.

„Ist es nicht herrlich geworden?“, fragte der Frosch.

„Ja, wunderbar!“, sagte der Biber.

„Ich finde es umwerfend“, sagte der Frosch.

„Ja, wahnsinnig schön!“, sagte der Biber.

1 Was haben der Frosch und der Biber alles gebaut?

2 Warum bauten sie immer weiter?

3 Male dein Traumhaus.

Auf der Baustelle

Alina Lasko

Auf der Baustelle für das Neubauviertel gibt es viel zu sehen. Viele verschiedene Handwerker arbeiten dort, und unterschiedliche Baustellen-Fahrzeuge sind unterwegs.

Wenn ein Haus gebaut wird, hebt ein Bagger zuerst eine Baugrube aus. Damit das Haus sicher steht, wird eine Bodenplatte aus Beton gegossen.

Dann ziehen die Maurer die Wände hoch. Jedes Stockwerk bekommt eine Betonplatte als Decke.

Aus dicken Holzbalken errichten die Zimmerleute einen Dachstuhl. Auf den Holzbalken wird dann das Dach weiter aufgebaut und anschließend mit Ziegeln abgedeckt.

Nun werden die Stromleitungen und Wasserrohre gelegt. Glaser und Schreiner bauen Fenster und Türen ein. Die Gipser verputzen innen und außen die Wände. Zum Schluss streicht der Maler das Haus.

Jetzt kann das Haus bewohnt werden.

1 Schaut euch das Bild gemeinsam an.
Welche Baufahrzeuge kennt ihr?
Für welche Arbeiten sind sie da?

2 Lest den Text Absatz für Absatz.
Zu welchen Stellen im Text findet ihr die passenden Ausschnitte im Bild?

3 Was hast du schon auf Baustellen beobachtet? Erzähle.

▸ A wie Anfang: S. 17
▸ Lernen: S. 142
▸ Texte verstehen: S. 152, 154

Tiere als Baumeister

Angelika Föhl

Viele Tiere sind tolle Baumeister. Sie bauen Nester und ganze Wohnhügel. Sie graben Gänge und legen Wohnkammern unter der Erde an.

Das Amselnest

Amseln bauen ihre Nester in Hecken oder Gebüschen. Dort im Laub sind sie gut versteckt und so vor Feinden, aber auch vor Wind und Regen geschützt. Für den Bau verwenden Amseln Zweige und Wurzeln. Das Innere des Nestes polstern sie mit Erde und Moos aus.

Der Maulwurfsbau

Der Maulwurf lebt unter der Erde. Dort gräbt er lange Gänge und legt sich so eine Wohnung an. Für seine Jungen gibt es dort eine Nestkammer. Diese polstert er mit Gras und Moos aus. Auch Vorratskammern mit lebenden Würmern legt der Maulwurf an.

Der Ameisenhügel

Ameisen bauen Hügel aus Zweigen und Laub. Diese Hügel können bis zu zwei Meter hoch werden. Unter dem Hügel führen Gänge in Kammern unter der Erde. Die Hügel sind durch Nadeln von Tannen und Kiefern vor Regen und Kälte geschützt.

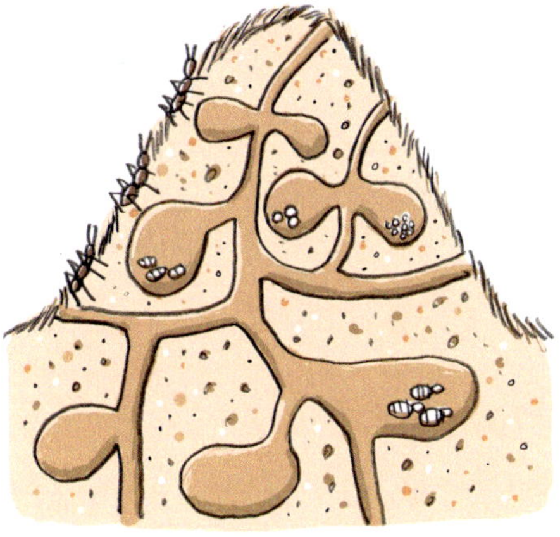

Die Biberburg

Biber wohnen am Wasser. Sie bauen sich aus Baumstämmen und Ästen eine Biberburg. Zweige, Laub und Erde machen die Biberburg dicht. Der Eingang der Biberburg liegt unter Wasser. So ist der Biber vor Feinden geschützt. Die Wohnkammer befindet sich oberhalb der Wasserfläche. Dadurch bleibt sie trocken.

1 Arbeitet zu viert. Jedes Kind liest einen Text.
Stellt euch gegenseitig eure Baumeister vor.

2 Wähle einen dieser Baumeister aus,
und suche weitere Informationen.

- Informationen entnehmen und wiedergeben
- Recherchieren

▸ Tiere: S. 40/41, 45
▸ Bücher: S. 98/99
▸ Lernen: S. 142, 146

Übungskiste

Unpassende Wörter ersetzen

Heute wird das Baumhaus im Badezimmer gebaut.

Bretter

Papa hat einen passenden Parkplatz ausgesucht.

Garten

Baum

Lena und Timo haben schon die Bretter und den Farbkasten geholt.

Nägel

Papa steht auf der Tür.

Werkzeugkasten

Er nagelt die Bretter mit dem Kugelschreiber an den Baum.

Lena reicht ihm die Bananen an.

Hammer

Mama und Timo arbeiten mit der Schere.

Leiter

Sie sägen die Brote für das Baumhaus zu.

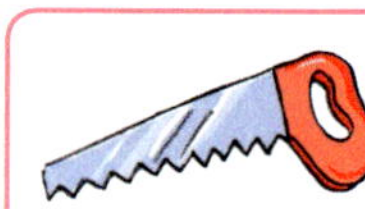
Säge

1 Arbeitet zu zweit.
In jedem Satz passt ein Wort nicht. Ersetzt diese Wörter.
Die Bilder neben dem Text helfen euch.

2 Lest den Text mit den richtigen Wörtern vor.

- Zusammenarbeiten
- Semantisch unpassende Wörter finden und ersetzen

▸ A wie Anfang: S. 11
▸ Tiere: S. 44
▸ Lernen: S. 142

Ideenkiste

Einen Turm aus Schachteln bauen

Sammle verschieden große Pappschachteln. Baue die Schachteln der Größe nach auf, sodass ein Turm entsteht.

Schneide mit der Schere Fenster und Türen ein. Danach kannst du die Schachteln festkleben.

Bemale deinen Turm mit Farben. Türen und Fenster können verschiedene Farben bekommen. Du kannst auch Steine aufmalen.

Bücher und andere Medien

In der Bücherei

1 Warst du schon einmal in einer Bücherei? Erzähle.

2 Was sind **Medien**? Schlage den Begriff auf Seite 195 nach.

3 Welche Bücher und Medien kann man sich in der Bücherei ausleihen?

- Vorwissen aktivieren
- Über Erfahrungen sprechen
- Fachbegriffe klären

▸ Lernen: S. 144/145
▸ Fachbegriffe: S. 192–197

1 Wo in der Bücherei auf der linken Seite findest du diese Bücher und Medien?

2 Besuche eine Bücherei.
Leihe dir Bücher und andere Medien aus.

Das ist aber total mein Buch

Lauren Child

Charlie hat eine kleine Schwester. Die heißt Lola. Lola will unbedingt das Buch ***Käfer, Wanzen und Schmetterlinge*** *in der Bücherei ausleihen. Dabei hat sie es sich schon letztes Mal ausgesucht. Und das Mal davor …*

Dann sind wir in der Bücherei, und ich muss Lola sagen: „Schsch! Lola, das ist eine Bücherei. Wir müssen leise sein."
Lola sagt: „Tschuldigung. Aber ich kann mein Buch nicht finden!"
Ich sage: „Du musst bei den Büchern suchen, die mit K anfangen."
Lola sagt: „K, K, K, Kribbel, Krabbel … Wo ist es hin?"
Ich sage: „Schsch …! Sei leise, Lola!"
Lola sagt: „Ich bin ja leise, Charlie!"
Ich sage noch mal: „Schsch …!"
„Ich bin ja schsch …, aber mein Buch ist weg!"

Ich sage: „Lola, jetzt sei endlich still!"
Lola sagt: „Aber Charlie, mein Buch ist verschwunden! Es ist apselut nicht da!"

Ich sage: „Lola, überleg doch mal. Das hier ist eine Bücherei. Jemand hat das Buch ausgeliehen."
Lola sagt: „**Käfer, Wanzen und Schmetterlinge** ist aber total mein Buch!"
Ich sage: „Aber es ist nicht deine Bücherei. Jemand anderes wollte das Buch eben auch mal lesen."
Lola sagt: „Aber das darf der nicht. Es ist mein Buch!"
Also sage ich: „Lola, es gibt tausend andere Bücher, die du ausleihen kannst, und die stehen alle hier.

Es gibt Detektivgeschichten und Bücher über Dinosaurier.
Abenteuerbücher und Gruselgeschichten.
Bücher über Prinzessinnen, Burgen und Drachen.
Und Bücher über Flugzeuge und Astronauten.
Über Vulkane. Monster, Berge und Zwerge.
Und Bücher über Elfen.
Wie wär's denn
mit **Geparden und Schimpansen**?"
Lola sagt: „Sind da Käfer,
Wanzen und Schmetterlinge drin?"
Und ich sage: „Nein. Da sind Geparden
und Schimpansen drin.
Versuch's doch wenigstens mal, Lola, bitte."

Lola sagt: „Na gut. Ich versuch's.
Aber es wird nicht so gut sein wie …"
Aber dann sagt Lola:
„Oh! Guck mal.
Geparden sind unheimlich schnell,
und die Schimpansen sind sehr frech
und eigentlich sind sie …
Weißt du was, Charlie …?
Dieses Buch ist wahrscheinlich
das allerallerbeste Buch
auf der ganzen, weiten Welt.
Weil es so interessant ist. Und so schön!
Und, weißt du, es hat die apselut besten Bilder,
die ich je gesehen habe,
und die Schimpansen-Babys sind sooo witzig …"

1 Welches Buch will Lola haben?

2 Welche Bücher empfiehlt Charlie seiner Schwester?
Nenne drei.

Lieblingsbücher

David

Das Bilderbuch **Wo die wilden Kerle wohnen** lese ich manchmal meinem kleinen Bruder vor. Ich habe es früher oft vorgelesen bekommen. Ich kann es fast auswendig.

Isabel

Wenn ich am Wochenende bei meiner Oma übernachte, liest sie mir abends **Pippi Langstrumpf** von Astrid Lindgren vor. Ich mag die starke und lustige Pippi sehr.

Annika

Am Anfang des Monats darf ich mir die Kinderzeitschrift **Geomini** kaufen. Jedes Mal stehen darin neue Tier- und Sachgeschichten, Rätsel und am Schluss eine Vorlesegeschichte.

Bela

Ich habe **Der kleine Drache Kokosnuss im Weltraum** geschenkt bekommen. Ingo Siegner hat das Buch geschrieben. Die Abenteuer sind ganz schön spannend.

1 Was lest und hört ihr gern?
Erzählt von euren Lieblingsbüchern.
Stellt sie euch vor.

- Erzählen und zuhören
- Über Erfahrungen sprechen
- Ein Buch vorstellen

▸ Lernen: S. 142, 144, 148/149

Petra

Rotraut Susanne Berner

PETRA LIEST UND SCHMÖKERT IMMER
NICHT NUR HIER IN IHREM ZIMMER.

SIE LIEST AUCH GERN AUF HOHEN BÄUMEN
UND IN TIEFEN KELLERRÄUMEN,

SIE LIEST IM BETT UND AUF DEM KLO
UND IN DER WANNE SOWIESO.

1 Wo liest du am liebsten? Sprecht über eure Leseplätze.

Der fliegende Jakob

Philip Waechter

Jakob konnte fliegen. Das klingt vielleicht verrückt, war aber wirklich so. Jakob konnte fliegen.

Als Jakob das erste Mal flog, war er noch sehr klein. Eigentlich warteten seine Eltern darauf, dass er endlich krabbeln würde, aber das tat er nicht. Jakob flog einfach los.

Zunächst waren seine Eltern sehr besorgt, denn solch ein Kind war schon etwas seltsam. Doch schon bald hatten sie sich an die tägliche Fliegerei gewöhnt und sagten sich: „Es ist wie es ist, er ist unser Sohn und er ist genau richtig so!"

Eines Tages im Herbst wollte die Familie Urlaub machen, irgendwo am Meer, im Warmen, in der Sonne. Also ging Jakob mit seiner Mutter in ein Reisebüro. Dort buchten sie ein schönes Hotel im Süden. Jakob wollte kein Flugticket. „Ich fliege natürlich selbst!", sagte er. „Soso!", sagte seine Mutter.

Dann wurde gepackt: Taschen und Koffer mit Klamotten, Badesachen, Zahnbürsten. Und für Jakob einen Rucksack mit dem Allernötigsten: Käsebrote, Wasser ohne Kohlensäure, einen Kompass und eine „Telefonkarte international" – für alle Fälle.

Jakob begleitete seine Eltern zum Flughafen. Dort küssten sich alle zum Abschied und wünschten sich eine gute Reise. Das Flugzeug brauste los und auch Jakob machte sich auf den Weg.

Wie immer auf längeren Flügen vertrieb sich Jakob die Zeit mit dem Zählen von Tieren. Zunächst zählte er 15 schlechtgelaunte Kühe, die er freundlich grüßte.

Später teilte er seine Brote mit 31 gefräßigen Eichhörnchen.

Kurz darauf entdeckte Jakob etwas sehr Aufregendes: 83 Vögel auf dem Weg nach Afrika. „Da flieg ich mit!", dachte Jakob. Und so flog er fortan tatsächlich mit 83 Vögeln über hohe Berge und tiefe Täler.

1 Beantworte diese Fragen:
- a) Was ist das Besondere an Jakob?
- b) Warum wollte Jakob kein Flugticket?
- c) Was packt Jakob in seinen Rucksack?
- d) Welchen Tieren begegnet Jakob auf seiner Flugreise?

2 Lies noch einmal die Zeile 16–17. Was sagen die Eltern zu Jakobs Fliegerei? Was denkst du darüber?

3 Wie könnte die Geschichte weitergehen? Überlege dir einen Schluss.

- Informationen entnehmen
- Sich eine Meinung bilden
- Weitererzählen

- Texte verstehen: S. 152, 154, 160
- Geschichten: S. 168

- Hör-CD: Nr. 22

Die Geschichte meines Opas

Philip Waechter

Wenn ich groß bin, wäre ich gern wie mein Opa.
Ich weiß, dass er ganz toll ist. Mein Opa ist mein bester Freund.
Eines Tages hatte mein Opa eine Idee …

LEIDER HIELT SICH...
NEIN, PROBIEREN SIE'S WOANDERS!
DIE BEGEISTERUNG....
HÖREN SIE, DAS INTERESSIERT KEINE SAU, OB SIE ALS BABYSITTER GEARBEITET HABEN ODER NICHT!
IN GRENZEN.
SCHREIBEN SIE DOCH MAL ÜBER PFERDE!
BANAUSEN!
KURZ DARAUF KLINGELTE ES BEI UNS AN DER TÜR.
KEINER VERSTEHT MICH, SCHLUCHZ!
ZUM GLÜCK LIESS SICH MEIN OPA LEICHT WIEDER AUFHEITERN.

ALS MEIN OPA GING...
FING ICH AN ZU LESEN...
WOW!!! UNGLAUBLICH!
UND ZU ZEICHNEN.
MANCHE GESCHICHTEN BRAUCHEN BILDER!
ANFANGS NOCH ETWAS KOMISCH...
OPA
WAS IST?
DANN IMMER BESSER.
IRGENDWANN WAR'S VOLLBRACHT.
ALSO VERSUCHTE AUCH ICH MEIN GLÜCK.
WÄRE DOCH GELACHT!
VERGESST FISCH!
DIE GESCHICHTE MEINES OPAS!
VERLAG GELTZ & BELBERG
RING!

UND SIEHE DA!
TOLL, HAST DU NOCH MEHR DAVON?
LEON
SO WURDE EIN VERTRAG GESCHLOSSEN ....
UND BALD KONNTEN VIELE MENSCHEN DIE GESCHICHTE MEINES OPAS LESEN.
ERST WAR MEIN OPA LEICHT VER-DUTZT....
DANN ABER FREUTE ER SICH SEHR.
ENDE!

Der Illustrator und Autor Philip Waechter

Philip Waechter hat die Geschichte ***Der fliegende Jakob*** *und den Comic* ***Die Geschichte meines Opas*** *auf den Seiten 92–97 geschrieben und gezeichnet. Hier liest du ein Interview mit ihm.*

Herr Waechter, was ist Ihr Beruf?

Ich mache Bücher. Oder besser gesagt: Ich zeichne und male Geschichten, aus denen dann meistens Bücher werden. Hauptsächlich illustriere ich Bücher für Kinder: Bilderbücher, Kinder- oder Jugendbücher mit längeren Texten oder auch Comics. Die Geschichten zu meinen Büchern schreibe ich manchmal selbst. Aber ich arbeite auch mit anderen Autoren oder Autorinnen zusammen. Die schreiben dann die Geschichten, und ich zeichne die Bilder.

Wie sind Sie zu Ihrem Beruf gekommen?

Ich habe immer schon gerne gezeichnet und mir sehr gerne Bilder angeguckt. Schon als Kind wollte ich Zeichner werden. Oder Fußballprofi. Mit dem Fußball hat es leider nicht geklappt, mit der Zeichnerei schon. Mein Vater hatte übrigens einen ganz ähnlichen Beruf. Ich habe es immer geliebt, ihm als Kind über die Schulter zu gucken und zu beobachten, wie seine Bilder entstanden sind.

Wo und wie arbeiten Sie?

Ich wohne in Frankfurt und fahre jeden Tag zu meiner Arbeit in ein Atelier. Das sind die Räume, in denen wir arbeiten.

Ich teile mir die Werkstatt mit sieben anderen Menschen, die auch alle gerne zeichnen, schreiben, gestalten und sich Geschichten ausdenken. Mittags sitzen wir alle zusammen und essen gemeinsam. Einer von uns muss immer kochen. Wir unterhalten uns, sprechen über unsere Arbeit, geben uns gegenseitig Tipps und beraten uns, wenn Probleme auftauchen. Manchmal machen wir auch gemeinsam Bücher. Die Arbeit an diesen Gemeinschafts-Büchern finde ich immer besonders schön. Denn es macht Spaß, sich mit Freunden zusammen Dinge auszudenken. Auf die vielen Ideen würde man alleine gar nicht kommen.

In Ihren Geschichten können Jakob und der Opa fliegen. Würden Sie auch gerne fliegen können?

Oh ja, ich würde wahnsinnig gerne fliegen können. Ich würde auf kein Auto mehr achten, müsste an keiner Ampel mehr stehen bleiben und käme – wie Jakob in meiner Geschichte – beim Obstpflücken an die Äste mit den besten Kirschen heran. In meiner Vorstellung ginge Fliegen ganz leicht und wäre überhaupt nicht anstrengend. Vielleicht könnte man während eines Fluges sogar ein kleines Schläfchen halten? Wäre das nicht schön?

1 Arbeitet zu viert. Jedes Kind liest die Antwort auf eine Frage ganz genau. Erzählt euch gegenseitig, was ihr über Philip Waechter erfahren habt.

2 Suche in der Bücherei nach Büchern von Philip Waechter. Wähle ein Buch aus und stelle es vor.

- Informationen entnehmen und wiedergeben
- Ein Buch vorstellen

▸ Lernen: S. 142, 148/149
▸ Texte verstehen: S. 160
▸ Fachbegriffe: S. 192–197

Übungskiste

Bilder und Texte zuordnen

1 

2 

3 

4 

A Dunne hat ein glückliches Leben.
Sie kann viele wunderbare Momente aufzählen, zum Beispiel als sie endlich in die Schule kam.
Und als sie Ella Frieda kennenlernte, die ihre beste Freundin wurde.

B Hirsch, Maus, Fisch und Erdmännchen gehen gemeinsam auf eine Expedition.
Als ein Bär dazukommt, wird es richtig spannend.

C Seit Yakari die Sprache der Tiere sprechen kann, erlebt er jeden Tag neue Abenteuer.
Mit seiner besonderen Gabe gelingt es ihm immer wieder, Tieren in Not zu helfen.

D Küken, Welpen, Fohlen, Raupen und Kaulquappen sind Tierkinder.
Wie leben sie?
Was fressen sie?
Welches Tierkind ist am größten?

1 Welches Buch gehört zu welchem Text?

- Informationen entnehmen
- Texte und Bilder zuordnen

▸ A wie Anfang: S. 17
▸ Bücher: S. 90
▸ Geschichten: S. 164

Ideenkiste

Mein Buch

Du kannst dir selbst ein kleines Buch machen
und es mit eigenen Ideen füllen.

1. Falte ein DIN-A4-Blatt längs zu einem Dach. Klappe es wieder auf.

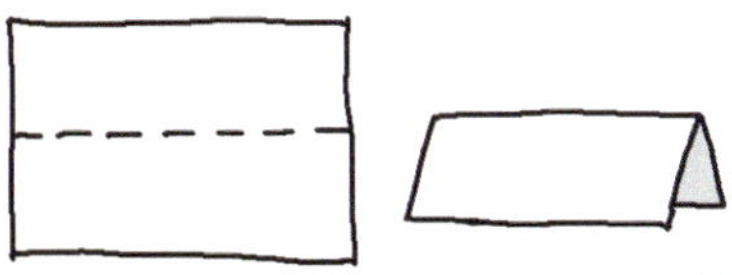

2. Falte das Blatt quer zu einem Dach.

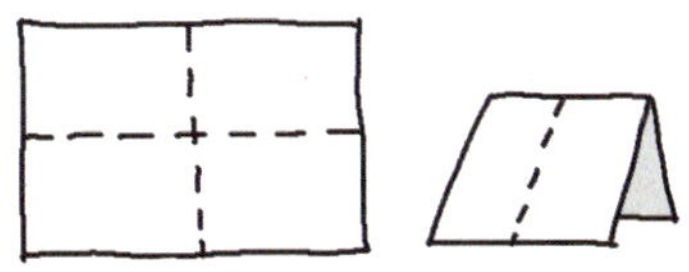

3. Falte beide Ränder zur Mitte. Es entsteht ein Zick-Zack-Dach.

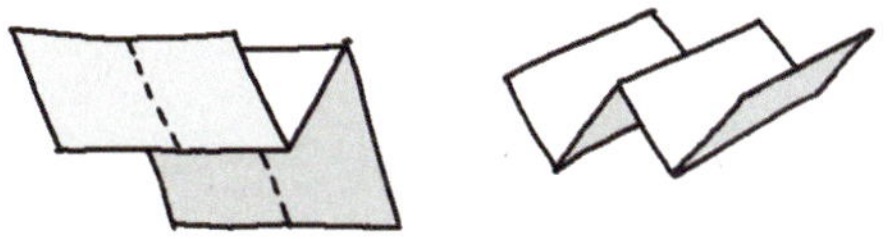

4. Schneide das Blatt bis zur Linie ein.

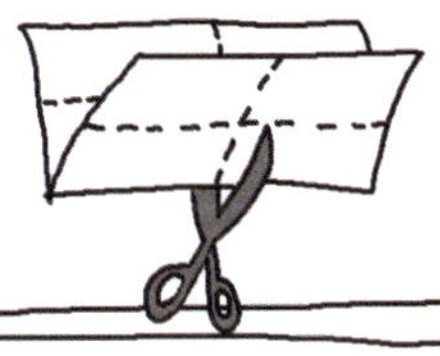

5. Klappe das Blatt vollständig auf. Falte es der Länge nach.

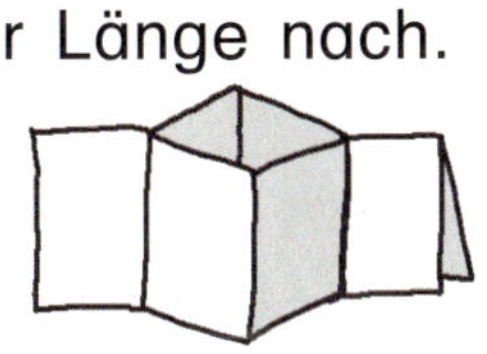

6. Schiebe das Blatt von beiden Seiten zusammen.

7. Falte das Blatt nun zu einem Buch.

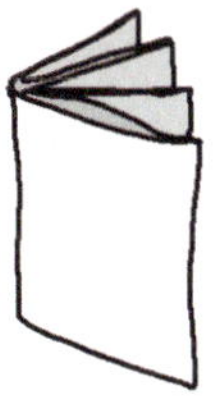

8. In dieses kleine Buch kannst du malen und schreiben.

▸ Ich – du – wir: S. 47, 45
▸ Lernen: S. 150 (Portfolio)

Das Jahr

Vier Jahreszeiten

1 Welche Monate gehören zum Frühling, welche zum Sommer, welche zum Herbst und welche zum Winter?

- Einem Bild Informationen entnehmen
- Vorwissen aktivieren

Die Jahreszeiten

Text und Melodie: mündlich überliefert

1 In welcher Jahreszeit hast du Geburtstag?

2 Alle Frühlingskinder, Sommerkinder,
Herbst- und Winterkinder stellen sich in Gruppen zusammen.

3 Dichte die zweite Strophe des Liedes um.
Suche dir passende Wörter aus.
Der zweite und der vierte Vers sollen sich reimen.

Der Frühling bringt ...,
der Sommer bringt ...,
der Herbst, der bringt ...,
der Winter bringt ....

Stürme
Most
Schweiß
Frost
Eicheln
Eis
Blüten

▸ Handelnd mit Texten umgehen
▸ Fachbegriffe kennen
▸ Texte verstehen: S. 161
▸ Gedichte: S. 174/175
▸ Hör-CD: Nr. 23

Verkleidungsfest

Georg Bydlinski

Der Peter nennt es Fasching,
die Jule Karneval,
der Oliver sagt Fastnacht …
Doch ist das nicht egal?

Was zählt, ist: Du verkleidest dich.
Du willst verwandelt sein.
Du bleibst trotz deiner Maske du.
Du feierst nicht allein.

Die Manu geht als Löwin,
der Felix als Vampir,
Matthias geht auf allen vier’n
als Fußball-Trampeltier.

Die Zwillinge sind Filmstars,
Max schleppt ein Mikrofon –
ist er ein Chefreporter
oder der Mann vom Ton?

Wer ist die Kräuterhexe?
Und wer der Astronaut?
Sogar der leise Lukas
trompetet heute laut!

Die Lina nennt es Fasching,
der Gerhard Karneval,
die Valerie sagt Fastnacht ...
Doch ist das nicht egal?

1 Beantworte die Fragen:
- Wie wird das Verkleidungsfest von den Kindern genannt?
- Wie heißt dieses Verkleidungsfest bei euch?
- Was ruft ihr bei diesem Fest?

2 Was ist das Besondere an diesem Fest?
In welcher Strophe des Gedichts wird das gesagt?

3 Wie würdest du dich gern verkleiden?
Male und schreibe.

- Informationen entnehmen
- Wörter in unterschiedlichen Dialekten kennenlernen

▸ Lernen: S. 150 (Portfolio)
▸ Texte verstehen: S. 154, 161

Die Tulpe

Josef Guggenmos

Dunkel
war alles und Nacht.
In der Erde tief
die Zwiebel schlief,
die braune.

Was ist das für ein Gemunkel,
was ist das für ein Geraune?
dachte die Zwiebel,
plötzlich erwacht.
Was singen die Vögel da droben
und jauchzen und toben?

Von Neugier gepackt,
hat die Zwiebel einen langen Hals gemacht
und um sich geblickt
mit einem hübschen Tulpengesicht.

Da hat ihr der Frühling entgegengelacht.

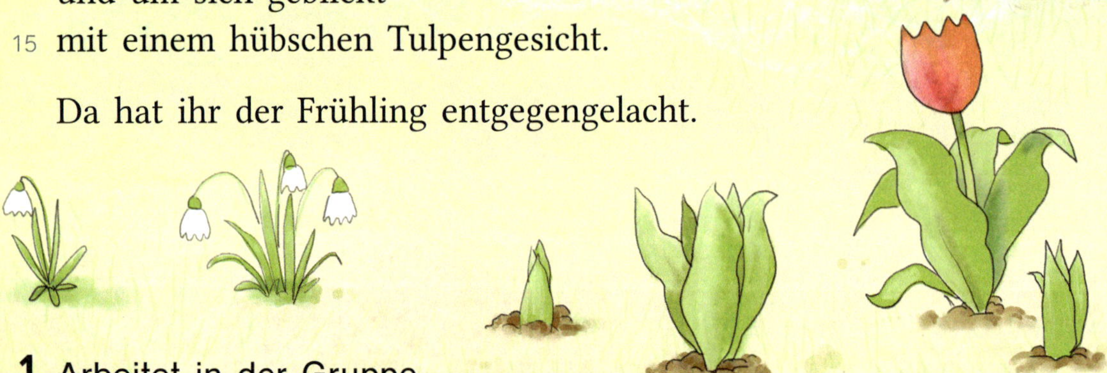

1 Arbeitet in der Gruppe.
Lest das Gedicht zuerst leise.
Sprecht dann darüber, was darin erzählt wird.

2 Was tut die Tulpe? Was hört, sieht und fühlt sie?
Probiert aus, wie ihr das Gedicht spielen könnt.
Ein Kind liest das Gedicht vor, die anderen spielen.

3 Stellt euer Spiel vor.

- Zusammenarbeiten
- Sich austauschen
- Ein Gedicht inszenieren

▸ Lernen: S. 142
▸ Darstellendes Spiel: S. 184

Ich freu mich auf den Frühling

Regina Schwarz

Nach draußen laufen, Sonne fühlen,
zum ersten Mal im Sand rumwühlen,

mit Glitzerseifenblasen tanzen,
die ersten Frühlingsblumen pflanzen,

mich hinterm Lieblingsbusch verstecken,
den Spielplatz wieder neu entdecken,

nach meinem Igel Aussschau halten,
für Ostern bunte Hühner falten

und beim Zubettgeh'n immer denken:
Ob sie mir einen Hasen schenken?

1 Welcher Vers in dem Gedicht gefällt dir am besten?
Schreibe ihn ab und gestalte ein Bild dazu.

2 Lerne das Gedicht auswendig.

3 Was machst du gern im Frühling?
Worauf freust du dich?
Schreibe deine Frühlingsgedanken auf.

- Abschreiben und gestalten
- Auswendig lernen
- Schreibideen entwickeln
- Lernen: S. 150 (Portfolio)
- Gedichte: S. 180/181
- Hör-CD: Nr. 24

Ostern

Ursula Schwarz

Ostern wird immer an einem Sonntag im Frühling gefeiert. Der Ostertag ist der erste Sonntag nach dem Vollmond nach dem Frühlingsanfang. Der Frühling beginnt in unserem Kalender am 20. März.

Christen feiern zu Ostern die Auferstehung von Jesus Christus. Besonders wichtig für die Kinder sind die Ostereier und der Osterhase.

Ostereier sind in vielen Ländern ein Zeichen für neues Leben, weil aus Eiern ja neues Leben entsteht. Vor Ostern werden die Eier bunt bemalt. Am Ostermorgen suchen dann die Kinder die bunten Eier, Süßigkeiten und Geschenke, die vorher – wie man erzählt – der Osterhase versteckt hat. Niemand weiß genau, woher der Osterhase kommt. Jedenfalls kann man im Frühling auf dem Land oft Hasen beobachten, wie sie über Felder hoppeln.

Ostern ist ein fröhliches Fest. Die Menschen begrüßen sich mit „Frohe Ostern!“.

1 Beantworte die Fragen:
- Wann ist Ostern?
- Wofür sind Ostereier ein Zeichen?
- Wie begrüßen sich die Menschen zu Ostern?

2 Erzählt, ob und wie ihr bei euch zu Hause Ostern feiert.

- Informationen entnehmen
- Erzählen und zuhören

- Lernen: S. 144
- Texte verstehen: S. 152, 154

Das Zuckerfest

Ursula Schwarz

Muslime feiern das Ende des Fastenmonats Ramadan mit dem Zuckerfest. Es wird so genannt, weil während der drei Festtage viel Süßes gegessen wird.

Im Ramadan fasten viele erwachsene Muslime von der Morgendämmerung bis zum Sonnenuntergang. Das heißt: Sie essen und trinken nichts, solange es hell ist. Die Kinder verzichten im Ramadan auf Schokolade, auf Bonbons und auf Eis.

Muslime besinnen sich in dieser Fastenzeit auf Gott und beten viel. Sie sollen nichts Böses denken und freundlich zu allen Menschen sein. Menschen, mit denen sie Streit haben, sollen sie verzeihen.

Das Zuckerfest ist ein Fest der Freude und der Gemeinschaft. Es beginnt am Morgen mit dem gemeinsamen Gebet in der Moschee. Verwandte und Freunde besuchen sich gegenseitig. Die Kinder bekommen Süßigkeiten und Geschenke.

1 Beantworte die Fragen:
- Wann wird das Zuckerfest gefeiert?
- Wie lange dauert es?
- Was heißt **fasten**?
- Was alles ist wichtig beim Zuckerfest?

2 Erzählt, ob und wie ihr bei euch das Zuckerfest feiert.

- Informationen entnehmen
- Erzählen und zuhören

▸ Lernen: S. 144
▸ Texte verstehen: S. 152, 154

Löwenzahn – Pusteblume

Hermine Wolf

Im Frühling leuchten auf vielen Wiesen die gelben Blüten des Löwenzahns.

Der Löwenzahn hat seinen Namen von den gezackten Blättern. Sie sehen wie Zähne aus. Die Form der Blüte und die gelbe Farbe erinnern an die Mähne eines Löwen.

Wenn die Löwenzahnblüten verwelken, entstehen daraus die Samen mit den weißen, haarigen Schirmchen. Diese Form der Blüte nennen wir Pusteblume. Die Schirmchen mit den Samen daran heißen Schirmflieger. Sie werden vom Wind weit fort getragen. Aus den Samen wachsen neue Löwenzahnpflanzen.

1 In welcher Zeile steht,
a) wann der Löwenzahn blüht?
b) was beim Löwenzahn wie Zähne aussieht?
c) was an eine Löwenmähne erinnert?
d) wann die Samen entstehen?

2 Erkläre: Woher hat der Löwenzahn seinen Namen?

3 Wie sieht der Samen des Löwenzahns aus? Wie heißt er?

- Informationen entnehmen
- Zeilenangaben machen
- Etwas erklären

▸ Texte verstehen: S. 152, 154, 156

Löwenzähne

Philipp Günther

Auf der Frühlingswiese blüht
Kopf an Kopf der Löwenzahn.
Weißt du, wie die gelbe Blume
zu dem schönen Namen kam?

Auf dem Stiel das Blütenhaupt:
goldne Löwenmähne.
Grün die Blätter, scharf gezackt:
spitze Löwenzähne.

Barfuß durch die Wiese gehen
und durch Löwenzähne tappen.
Doch pass auf, dass sie dir nicht
nach den Zehen schnappen!

1 In beiden Texten geht es um den Löwenzahn. Was ist ähnlich? Was ist anders?

- Informationen entnehmen
- Gedicht und Sachtext zu einem Thema vergleichen

- Natur: S. 68/69
- Texte verstehen: S. 152, 154, 156, 160/161

Strandsand

Christa Zeuch

Leise rinnt durch meine Hand
feiner, weißer Sand vom Strand.
He, ich mach den etwas nasser.
Darum geh ich jetzt ans Wasser.

Meine Hände können wühlen,
matschen, graben, schaufeln, fühlen.
Wie die nasse Pampe glitscht!
Wie sie schmiert und schmatzt und flitscht!

Seht, ich kann auch darauf gehen,
erst auf Hacken, dann auf Zehen.
Meine Spuren zeigen dir:
Hier spaziert ein Trampeltier!

Watsche-platsch, klecker-klatsch,
ich bau mir eine Burg aus Matsch.
Kommt mich bitte gleich besuchen,
ich back Eierpampekuchen!

1 Lies das Gedicht.
Denke dir Bewegungen dazu aus.

2 Lerne das Gedicht auswendig.

3 Trage das Gedicht vor.
Das geht auch zu zweit, zu dritt oder zu viert.

- Bewegungen zu einem Gedicht finden
- Auswendig lernen

- Gedichte: S. 180/181
- Darstellendes Spiel: S. 184/185
- Hör-CD: Nr. 25

Sommerferien bei den Großeltern

Martin Nader

Endlich sind Sommerferien. Metin ist schon ganz aufgeregt. Er fliegt mit seiner Familie für sechs Wochen in die Türkei.

Sie wollen Metins Großeltern besuchen. Die Großeltern leben am Meer. Dort kann man super buddeln und Sandburgen bauen. Die meisten von Metins Verwandten leben in der Türkei. Sie sprechen alle Türkisch und können nur ein paar Wörter auf Deutsch sagen. Metin ist das egal. Zu Hause spricht er mit seiner Mutter auch nur Türkisch. Auf das Wiedersehen mit seinem Großvater freut Metin sich schon ganz besonders.

Dann ist es endlich so weit! Metin und sein Großvater begrüßen sich. „Merhaba Metin!“, sagt der Opa. „Merhaba Dede!“, antwortet Metin. Natürlich will der Großvater erst einmal wissen, wie es Metin geht: „Nasılsın Metin?“ Metin geht es gut und er antwortet: „İyiyim!“ Jetzt will Metin aber schnell an den Strand. Ob man hier wohl baden darf? Sofort fragt er seinen Großvater: „Burada suya girilir mi?“ „Evet!“, antwortet der Großvater und Metin lacht vor Freude. Er nimmt Anlauf und zählt: „Bir, iki, üç!“ Dann rennt er ins Wasser!

1 Lasst euch den Text vorlesen.

2 Findet heraus, was die türkischen Wörter und Sätze auf Deutsch bedeuten.

▸ Zuhören
▸ Wörter in einer anderen Sprache kennenlernen

▸ Lernen: S. 142, 144
▸ Texte verstehen: S. 156
▸ Hör-CD: Nr. 26

Wenn die Blätter fallen

Rudolfine Fellinger

Heute regnet's Blätter
und das macht uns Spaß,
denn vom Blätterregen
werden wir nicht nass.

Die Blätterpfützen rascheln
leis' bei jedem Schritt,
wir wollen darin waten
– wer von euch kommt mit?

Kastanien

Josef Guggenmos

Kommt alle,
hier gibt's was,
hier liegt was
im Gras.
Da liegen
Kastanien.
Zehn werfen wir
bis Spanien.
Aber die andern,
die wir entdecken,
tragen wir heim
in unseren Säcken.
Und machen dort
aus den Kugeln, den braunen,
eine Herde
zum Staunen.

1 Was machst du gern im Herbst?

▸ Informationen entnehmen
▸ Erfahrungen austauschen

▸ Lernen: S. 144

Nebel

Ernst Kreidolf

Ich stehe am Fenster und schaue hinaus.
Seht doch: Verschwunden ist Nachbars Haus.
Sagt: Wo ist die Straße, wo der Weg,
wo sind die Häuser, wo der Steg?
Der Nebel bleibt hängen, hat alles versteckt,
hat Straßen und Häuser ganz zugedeckt.

Wie Nebel entsteht

Wolfgang Menzel

Manchmal kannst du es selbst erfahren:
Du atmest die Luft aus,
und wenn es draußen kalt ist, bildet sich
eine kleine Nebelwolke vor deinem Mund.
Das ist der Wasserdampf, der bei Kälte entsteht.
So ist das auch mit dem Nebel.
Wenn du an einem kalten Herbsttag
an einem Fluss vorbeikommst,
dann siehst du eine weiße Nebeldecke darüber liegen.
Dieser Nebel kann sich über das ganze Land ausbreiten.
Manchmal ist der Nebel so dicht, dass die Leute sagen:
„Man kann die Hand vor den Augen nicht mehr sehen."

1 In beiden Texten geht es um Nebel.
Was ist ähnlich? Was ist anders?

2 Erzählt von euren Nebel-Beobachtungen
und Nebel-Erlebnissen.

- Informationen entnehmen
- Gedicht und Sachtext zu einem Thema vergleichen

▸ Natur: S. 68/69
▸ Texte verstehen: S. 152, 154, 156, 160/161

Spiellied vom heiligen Martin

Text: Rolf Krenzer

Melodie: Hans-Werner Clasen

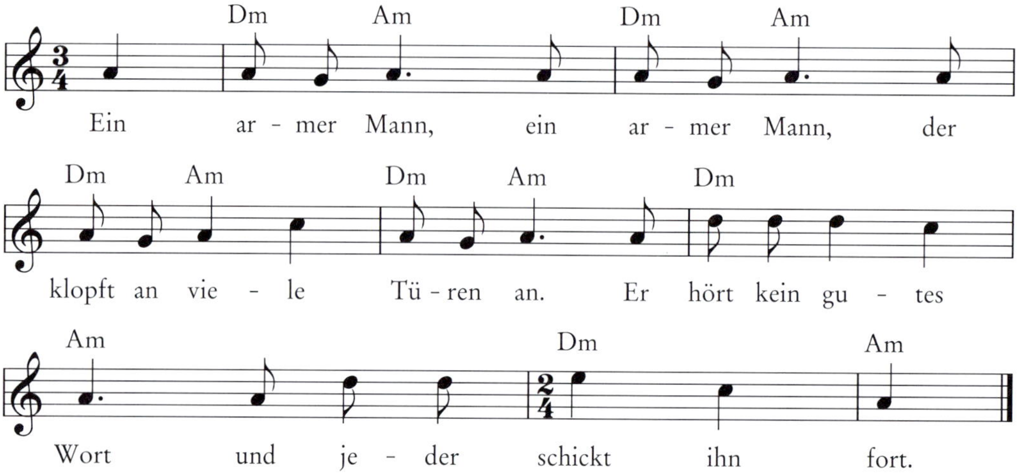

2.
Ihm ist so kalt. Er friert so sehr.
Wo kriegt er etwas Warmes her?
Er hört kein gutes Wort
und jeder schickt ihn fort.

3.
Der Hunger tut dem Mann so weh,
und müde stapft er durch den Schnee.
Er hört kein gutes Wort
und jeder schickt ihn fort.

4.
Da kommt daher ein Reitersmann,
der hält sogleich sein Pferd hier an.
Er sieht den Mann im Schnee
und fragt: „Was tut dir weh?"

5.
Er teilt den Mantel und das Brot
und hilft dem Mann in seiner Not,
so gut er helfen kann.
Sankt Martin heißt der Mann.

6.
Zum Martinstag steckt jedermann
die leuchtenden Laternen an.
Vergiss den andern nicht!
Drum brennt das kleine Licht.

▸ Szenisch spielen

▸ Schule: S. 23
▸ Darstellendes Spiel: S. 188/189
▸ Hör-CD: Nr. 27

Eine Nikolauslegende

Nacherzählt von Wolfgang Menzel

Den Heiligen Nikolaus hat es wirklich gegeben.
Er war Bischof in Myra, in der Türkei.
Über ihn gibt es viele Geschichten.
Solche Geschichten über Heilige nennt man Legenden.

Vor vielen hundert Jahren gab es in Myra eine große Hungersnot. Besonders die Kinder mussten darunter sehr leiden. Die Menschen hatten auch kein Gold mehr, um bei den Seefahrern etwas kaufen zu können.

Zu dieser Zeit waren einige Seeräuber im Hafen, die hätten den Menschen gern etwas zu essen gegeben. Sie wollten aber dafür die Kinder der Stadt haben, um sie auf ihren Schiffen arbeiten zu lassen.

Bischof Nikolaus wollte das aber nicht. Also holte der Bischof alle goldenen Geräte aus seiner Kirche und gab sie den Seeräubern. Dafür erhielt er für die Menschen der Stadt Getreide, sodass sie Brot backen konnten.

Auf diese Weise rettete Bischof Nikolaus die Kinder von Myra. Noch heute wird er als Beschützer der Kinder verehrt.

Der 6. Dezember erinnert an den Heiligen Nikolaus, der den Kindern Geschenke bringt.

Morgen, Kinder, wird's was geben

Rotraut Susanne Berner

1 Schaut euch die Bilder gemeinsam an und erzählt.

2 Schreibe eine Geschichte zu den Bildern.

- Bildern Informationen entnehmen
- Zu Bildern erzählen

- Lernen: S. 142, 144
- Geschichten: S. 162/163, 166

Winter

Wolfgang Menzel

Was im Winter Freude macht?
Schlitten fahren, Schneeballschlacht.
Draußen toben, bis die Ohren
und die Finger rot gefroren.

Mir den Schnee vom Handschuh lecken.
Meine Mutter zu erschrecken
und ihr eine Handvoll Schnee
oben in den Kragen stecken.

Schneemann bauen, Schlittschuh laufen,
durch den Schnee spazieren gehn.
Und es ist besonders schön,
von den riesengroßen Haufen
Schnee ganz schnell hinabzurutschen
auf dem Hintern oder auch
– auf dem Bauch.

▸ Hör-CD: Nr. 28

Winter

Nachgedichtet von der Klasse 2b der Grundschule Theley

Was im Winter Ärger macht?
Nichts als Glatteis, Schneematschschlacht.
Draußen zittern, wenn die Ohren
und die Finger steif gefroren.

Mir die Kleider nass zu machen,
dass die andern Kinder lachen,
und mit hohem Fieber dann
wochenlang das Bett bewachen.

Auszurutschen, hinzufallen,
und es tut ganz furchtbar weh,
auf dem zugefrorenen See
auf das harte Eis zu knallen.
Schuhe, Strümpfe, alles nass,
– so macht Winter keinen Spaß!

1 Arbeitet zu zweit.
Ein Kind liest eine Strophe aus dem linken Gedicht.
Dann liest ein anderes Kind die erste Strophe
aus dem anderen Gedicht.
Das eine Kind liest fröhlich, und das andere liest wütend.

2 Malt Bilder zu den einzelnen Strophen
und haltet sie beim Vorlesen in die Höhe.

- Zusammenarbeiten
- Gedichte sinngestaltend vorlesen

- Lernen: S. 142, 146
- Geschichten: S. 166

Zwei Gedichte entflechten

Sommerregen – Sommersonne

Barbara Rhenius

Im Sommer, wenn es regnet,
Was für ein schönes Wetter!
Dann tropft es in das Fass.
Die Sonne scheint so heiß.
Und unsre ganze Straße
Wird überall ganz nass.
Ich gehe gleich zum Kiosk
Und kaufe mir ein Eis.

Im Sommer, wenn es regnet,
Die Sonne scheint vom Himmel,
Wir gehen aus dem Haus.
Da bleiben wir zu Haus.
Wir wollen barfuß laufen
Und lachen aus der Stube
Das schlechte Wetter aus.
Und ziehn die Strümpfe aus.

1 Lest die Strophen und überlegt zu zweit:
- Welche Verse gehören zum Gedicht **Sommerregen**?
- Welche Verse gehören zu dem Gedicht **Sommersonne**?

2 Schreibe ein Gedicht mit der passenden Überschrift auf.

Ideenkiste

Zusammen einen Geburtstagskalender gestalten

Ihr braucht:

- 12 Kalenderblätter mit
  den Namen der Monate,
  den Zahlen der Tage jedes Monats
  und mit leerem Platz zum Gestalten
- Buntstifte, farbige Papiere,
  Fotos, zum Beispiel aus Zeitschriften,
  Fotos von euch selbst,
  Schere und Kleber

So geht ihr vor:
Die Geburtstagskinder eines Monats
sammeln Ideen für die Gestaltung
ihres Kalenderblattes.
Überlegt dabei, was zu dem Monat
und zur Jahreszeit passt
oder was zu euch passt.

Eure Kalenderblätter könnt ihr
mit einer Spirale zusammenbinden.
Ihr könnt auch ein großes Plakat daraus machen.

Fantasie und Abenteuer

Langweilige Gegend?

1 Stell dir vor, du gehst durch diese Gegend.
Was siehst du? Was hörst du? Was könntest du erleben?

- Ein Bild genau betrachten
- Assoziationen entwickeln

▸ Geschichten: S. 162/163

Nächtlicher Besuch

Paul Maar

Nachts liegst du in deinem Kissen,
fühlst dich einsam und allein?
Hör mal zu, das muss nicht sein,
du musst nur das Mittel wissen:

Halt erst lang den Atem an,
hol tief Luft, und flüstre dann:
„Heut wär ich gern zu viert!"
Und warte einfach, was passiert.

Als Erster kommt der Bär daher:
„Darf ich ins Bett?" – „Klar, bitte sehr!"
Als Zweites kommt ein kleines Schwein
und legt sich einfach zwischenrein.
Als Drittes kommt ein Känguru,
legt sich zu euch und deckt sich zu.

Und schon seid ihr viere,
nämlich du und die Tiere.

1 Was kannst du tun,
wenn du dich im Bett einsam und allein fühlst?
In welcher Strophe steht das?

2 Wie schläfst du am liebsten ein?
Sprich mit einem Partner.

Der Mondscheindrache

Cornelia Funke

Philipp lag im Bett, starrte zum Fenster hinaus und zählte die Sterne. Da hörte er plötzlich ein leises Rascheln neben seinem Bett. Erschrocken lugte er über den Bettrand. Auf dem Teppich lag das Buch, in dem er vorhin gelesen hatte. Ein Buch über Drachen und Ritter. Es war aufgeschlagen, obwohl Philipp ganz sicher war, dass er es zugeklappt hatte. Seltsam.

Philipp streckte die Hand aus, um es zuzumachen. Da raschelte es wieder. Die weißen Seiten bewegten sich wie von einer unsichtbaren Hand umgeblättert. Philipp hörte ein leises Schnaufen. Erschrocken versteckte er sich unter der Bettdecke. Nur durch einen Spalt lugte er auf das Buch herunter. Das Schnaufen wurde lauter und ein schuppiger Schwanz kam zwischen den Seiten hervor.

Dann folgten zwei Pranken, ein silbriger Leib mit Flügeln und Zacken auf dem Rücken – und plumps!, rutschte ein Drache aus dem Buch auf Philipps Teppich.

„Oje, oje, oje!“, hörte Philipp ihn jammern. „Bei meinen Schuppen, wo bin ich denn hier nur gelandet?“ Mit gespitzten Ohren stand er da und lauschte. Wunderschön sah er aus. Genau so, wie Philipp sich immer einen Drachen vorgestellt hatte. Nur dass der hier kaum größer war als ein Marmeladenglas.

Die Seiten des Buches bewegten sich wieder.

Und jetzt hörte man plötzlich das Klappern von Hufen und das Klirren von Eisen. Der Drache zuckte zusammen. „Er kommt!“, flüsterte er entsetzt.

1 Wie groß ist der Drache? Suche die passende Zeile im Text.

2 Was hört der Drache? Wer könnte da kommen?

3 Wie könnte die Geschichte weitergehen?

- Informationen entnehmen
- Zeilenangaben machen
- Weitererzählen

▶ Texte verstehen: S. 152, 154
▶ Geschichten: S. 168, 169

Ätze, das Weltraummonster

Ursel Scheffler

Das Tintenmonster Ätze und die Spinne Igitte fliegen als blinde Passagiere mit einer Rakete in den Weltraum. Nach dem Andocken an eine Weltraum-Station will Ätze unbedingt einen Spaziergang im All machen.

„Geh nicht raus!“, warnte ihn Igitte. „Der Weltraum ist riesig. Da gehst du verloren!“ Aber Ätze ließ sich nicht abhalten. „Seil dich wenigstens an einer Sicherheitsleine an!“ „An die Leine? Ich bin doch kein Hund!“, grinste Ätze und krabbelte schnell zur Ausstiegsluke. Igitte packte ihn am Fuß. Aber Ätze riss sich los. Er wollte jetzt in das „tintenblaue Meer“ springen, das unter ihm lag.

„Jappadappadu!“, rief er und machte einen übermutigen Köpfer von der Weltraumplattform.

Er spürte nichts! Es war ganz leer um ihn herum. Man konnte das All weder anfassen noch trinken oder darin herumplätschern. Es roch auch nicht nach Tinte. Ätze schwebte wie eine Feder. Er ruderte mit seinen drei Beinchen. Aber er konnte nicht laufen. Er wusste nicht mal, wo unten und oben war.

Da bekam er schreckliche Angst. Er versuchte zur Raumstation zurückzuschweben. Aber das gelang ihm nicht.

„Verdammte Spinnenkacke!“, fluchte Ätze. „Jetzt bin ich verloren. Ich werde im All schweben, bis ich irgendwann mit einem Kometen zusammenstoße oder in der Atmosphäre verglühe!“ Es wurde ihm schwarz vor Augen. „Hiiiilfe!“, rief er verzweifelt.

Da vernahm er Igittes spinnefeines Stimmchen aus dem All: „Sag ‚Bitte, Igitte‘!“ Nie hätte Ätze gedacht, dass ihm jemals dieses pfuiteuflige Wort über die Monsterlippen kommen würde. Aber er sah keinen anderen Ausweg und rief: „Bitte, Igitte!“ Da verspürte er einen Ruck an seinem hintersten Beinchen. Etwas zog ihn. Ganz langsam näherte er sich wieder der Weltraumstation. Auf der Plattform stand Igitte mit einer Fadenrolle. Sie kurbelte ihn Stück für Stück wieder auf die Weltraumstation zurück.

„Idiot!“, brummte sie, als er schließlich neben ihr stand. „Wenn ich nicht heimlich das Sicherheitsseil um eines deiner Beine geschlungen hätte, dann wärst du verloren gewesen.“

1 Ätze springt mutig in den Weltraum. Warum ruft er plötzlich Hilfe? Was macht ihm Angst?

2 Suche Informationen über Schwerelosigkeit, zum Beispiel in Sachbüchern oder im Internet unter *www.fragfinn.de* oder *www.blinde-kuh.de*.

▸ Tiere: S. 45
▸ Texte verstehen: S. 152, 154, 156
▸ Hör-CD: Nr. 32

Wenn ...

Hans Traxler

Wenn Sonnenblumen
scheinen könnten, ...

... könnten Igel
vorm Einschlafen
noch ein wenig lesen.

Wenn der Mond manchmal
nachts auf die Erde käme, ...

... könnten wir schön
auf ihm schaukeln.

1 Denke dir selbst einen Wenn-Text aus.
Male und schreibe.

Wenn Bäume laufen könnten, ...

Wenn ich einen Wunsch frei hätte, ...

Wenn Wale sprechen könnten, ...

Wenn Wolken ...

- Text-Bild-Kombinationen Informationen entnehmen
- Schreibmuster nutzen

▸ Lernen: S. 150 (Portfolio)

Verkehrte Welt

Boy Lornsen

Auf einer roten Wiese
tanzt ein gelbes Schwein
mit einem blauen Ochsen
den Walzer hinkebein.

Die Ziege, sie ist rosa,
pfeift den Takt dazu.
Fünf weiße Raben wiehern:
Nanu? Nanu? Nanu?

Ein grüngestreifter Kater
steht kopf und applaudiert.
Drei Frösche spielen Geige.
Die drei sind braunkariert.

Der Karpfen reitet auf der Gans.
Der Igel bläst Posaune.
Der Hecht schaut aus dem Mauseloch
und grunzt vor guter Laune.

Der Mond glänzt lila, und am Himmel
fliegt ein rabenschwarzer Schimmel
im Kreis herum und bellt:
Heut ist verkehrte Welt!

Wer's glaubt, schaut zu wie ich und du.
Wer's nicht glaubt, macht die Augen zu.

1 Suche dir eine Idee aus dem Gedicht aus.
Schreibe sie auf und male ein Bild dazu.
Überlege, ob du es in dein Portfolio aufnehmen möchtest.

- Informationen entnehmen
- Eine Textstelle auswählen und dazu malen

▸ Lernen: S. 150 (Portfolio)

▸ Hör-CD: Nr. 33

Der Gruselclub

Jana Frey

„Also, ihr müsst einmal kreuz und quer über den ganzen Friedhof laufen“, erklärt Gustav streng. Mia und Marie nicken. „Und nicht schummeln“, warnt sie Pia. „Wir behalten euch im Auge! Wenn ihr die Mutprobe besteht, gehört ihr ab sofort zu unserem Gruselclub!“

Zögernd schleichen Mia und Marie los. Kaum sind sie ein kleines Stück gegangen, als es hinter einem Grabstein raschelt. „Da!“, flüstert Mia erschrocken. Hinter dem Grabstein erscheint eine dürre, knochige Hand. „Das ist doch bloß eine Plastikhand“, flüstert Marie zurück.

Und tatsächlich – hinter dem Stein
lugt ein Zipfel von Gustavs Jackenärmel hervor.

„Da, eine dicke Spinne!“, schreit Mia gleich darauf.
„Die gehört doch Tom“, sagt Marie vergnügt.

Danach beschert ihnen der Gruselclub
noch ein plüschiges Gespenst,
ein wackeliges Mini-Skelett
und eine kleine Dose,
aus der es gespenstisch heult.

„Das wäre geschafft!“, sagt Marie erleichtert.
„Ihr wart gar nicht schlecht“, rufen Gustav, Tom und Pia
und krabbeln aus einem Gebüsch hervor.
„Willkommen im Gruselclub!“

Genau da hören sie es:
Ein lang gezogenes, unheimliches Stöhnen!
Gustav zuckt zusammen.
„He, was war das?“, flüstert Pia.
Und dann beginnt der Gruselclub, sich sehr zu gruseln.
„Oh, oh, oh ...“, stöhnt es klagend.

Gustav macht ein ängstliches Gesicht.
„Los, schauen wir nach!“, schlägt Marie mutig vor.
„Also, ich weiß nicht“, gibt Gustav zu bedenken.
Marie schaut trotzdem nach.
Plötzlich fängt sie an zu kichern.
„Gustav, du wirst es nicht glauben“, prustet sie.
„Es ist dein Papa!
Er hat sich beim Joggen den Fuß verknackst!“

1 Spielt die Geschichte in kleinen Gruppen nach.

- Informationen entnehmen
- Einen Text inszenieren
- Zusammenarbeiten

- Lernen: S. 142
- Geschichten: S. 169
- Darstellendes Spiel: S. 190

Yakari und Großer Adler

Derib + Job

Yakari träumt, er sei auf dem Weg zu seinem Freund …

1 Kennst du Yakari? Was weißt du über ihn?

2 Kennst du noch andere Comics?

3 Bringt eure Comics mit und stellt sie euch vor.

Wir schlafen auf dem Heuboden

Astrid Lindgren

Die Jungen wollten auf dem Heuboden des Mittelhofes schlafen und wir Mädchen auf dem Heuboden vom Nordhof. Jeder hatte eine Pferdedecke mitgenommen. Ole nahm auch Swipp mit. Der Glückspilz hatte einen Hund!

„Gute Nacht, ihr kleinen Landstreicher", sagte Papa. Und Mama sagte: „Morgen früh kommt ihr wohl und kauft Milch. Das tun alle Landstreicher."

Als wir den Jungen gute Nacht sagten, rief Lasse: „Schlaft gut! Wenn ihr könnt. Voriges Jahr haben sie auf dem Heuboden vom Nordhof eine Kreuzotter gefunden. Ich möchte wissen, ob in diesem Jahr auch eine da ist."

Und Bosse sagte: „Vielleicht – vielleicht auch nicht. Aber eine Masse Feldmäuse sind auf jeden Fall da. Hu, richtig eklig!"

„Ach, ihr armen Würmer!", sagten wir zu den Jungen. „Ihr habt vor Feldmäusen Angst? Da geht ihr besser nach Hause und legt euch in eure Betten."

Dann gingen wir mit unseren Pferdedecken und unseren Butterbroten auf den Heuboden. Draußen war es hell, aber da oben war es fast dunkel.

„Erster! Ich liege in der Mitte!“, rief ich. Dann gruben wir uns in das Heu ein. Es roch herrlich, aber es piekste auch. Nachdem wir uns in die Pferdedecken eingewickelt hatten, lagen wir aber richtig gut.

Wir sprachen davon, wie es wohl wäre, wenn man ein richtiger Landstreicher wäre, der immer in Heuschobern schliefe. Inga sagte, sie glaube, das müsse ganz lustig sein.

Wir waren kein bisschen müde. Bloß hungrig. Wir aßen unsere Butterbrote auf, ehe es zu dunkel wurde. Aber schließlich war es so dunkel, dass wir nicht einmal mehr unsere Hände sehen konnten, wenn wir sie vor das Gesicht hielten.

Ich war froh, dass ich in der Mitte zwischen Britta und Inga lag. Es raschelte so komisch im Heu. Britta und Inga krochen näher an mich heran.

„Wenn nun ein richtiger Landstreicher kommt und sich im Heu schlafen legt“, flüsterte Britta. „Ohne um Erlaubnis zu fragen.“ Wir lagen still und überlegten eine Weile.

Und dann hörten wir plötzlich ein Geheul.
Ein furchtbares, unheimliches Geheul.
Es klang, als ob tausend Gespenster gleichzeitig heulten.
Dass wir nicht vor Schreck gestorben sind!
Das taten wir nicht. Aber wir schrien.

Nein, wie Lasse, und Bosse und Ole lachten!
Denn sie waren es, die so geheult hatten.
Und natürlich waren auch sie es,
die im Heu geraschelt hatten,
als sie herangekrochen waren.

Britta sagte, dass es gefährlich sei, Leute so zu erschrecken.
Dann könnte dem, der so erschrocken sei,
das Blut in den Adern gefrieren,
und sie sagte, das würde sie ihrer Mama erzählen.

Aber da sagte Lasse: „Das war doch nur Spaß!“
Und Bosse sagte: „Altes Klatschmaul!“
Inga sagte, sie habe ein Gefühl,
als ob das Blut in ihren Adern
schon ein ganz kleines bisschen gefroren sei.

Schließlich gingen die Jungen auf ihren Heuboden zurück.
Wir dachten schon daran,
hinüberzuschleichen und sie auch zu erschrecken,
aber wir mochten es doch nicht tun,
denn wir waren müde geworden.

Wir erwachten davon, dass der Hahn auf dem Nordhof krähte, und dadurch, dass wir froren. Huh, war das kalt!

Wir wussten nicht, wie spät es war, aber wir dachten, es müsse wohl Zeit sein aufzustehen.

Gerade als wir die Nasen aus dem Scheunentor steckten, kamen Lasse, Bosse und Ole aus der Mittelhofscheune. Sie froren auch.

Wir liefen in unsere Küche, um uns aufzuwärmen. Aber da war noch keine Menschenseele! Sie schliefen alle noch, denn es war erst halb fünf. Gleich darauf klingelte jedoch Agdas Wecker. Sie musste aufstehen und melken. Und sie gab uns allen warme Milch und Brötchen. Oh, wie das schmeckte!

Nachher kroch ich schnell in mein Bett, denn ich wollte gerne noch ein bisschen schlafen. Es muss ein sehr kluger Mensch gewesen sein, der das mit den Betten erfunden hat, denn man schläft in seinem Bett tatsächlich besser als im Heu.

Mehr über die Kinder aus Bullerbü kannst du in diesem Buch lesen:

Übungskiste

Immer längere Sätze lesen

Simon feiert.

Simon feiert mit seinen Freunden.

Simon feiert mit seinen Freunden am Samstag.

Simon feiert mit seinen Freunden am Samstag eine Gruselparty.

Dragon kommt.

Dragon kommt als Vampir.

Dragon kommt als Vampir mit schwarzem Umhang.

Dragon kommt als Vampir mit schwarzem Umhang und schaurigen Eckzähnen.

Kim und Leyla tanzen.

Kim und Leyla tanzen miteinander.

Kim und Leyla tanzen miteinander einen Gespenstertanz.

Kim und Leyla tanzen miteinander einen Gespenstertanz und heulen dabei gruselig.

Simons Vater grillt.

Simons Vater grillt Monsterwürstchen.

Simons Vater grillt Monsterwürstchen und Hühnerbeine.

Simons Vater grillt Monsterwürstchen und Hühnerbeine für die Gruselgäste.

1 Lies die einzelnen Absätze.

2 Bilde selbst einen Satz, der immer länger wird. Schreibe den Treppensatz in dein Heft.

- Treppensätze strukturieren und lesen
- Schreibmuster nutzen

▸ A wie Anfang: S. 10

Ideenkiste

Eine Einladungskarte gestalten

<u>Du brauchst:</u>
- rechteckiges Tonpapier
  (etwa halb so groß wie dein Lesebuch)
- Tonpapier in einer anderen Farbe für die Figuren

<u>So gehst du vor:</u>

1. Falte die schmale Seite des Rechtecks etwa drei Zentimeter um.

2. Falte das restliche Rechteck genau in der Mitte.
   Deine Karte sieht dann so aus:

3. Zeichne auf das andere Tonpapier eine Figur, die zu deinem Fest passt.
   Schneide die Figur aus.

4. Klebe die Figur so auf:

5. Schreibe zum Schluss alles auf die Karte, was für deine Gäste wichtig ist.

Werkstatt: Lernen

Zusammenarbeiten

Manche Aufgaben kann ich besser mit einem Partner oder in einer Gruppe bearbeiten.

Schritt 1
Wir schauen uns gemeinsam die Überschrift und die Bilder an.
Wir vermuten, worum es gehen könnte.

Schritt 2
Wir lesen den Text:
- entweder leise jeder für sich,
- oder halblaut immer abwechselnd,
- oder einer liest den ganzen Text vor.

Schritt 3
Wir lesen die Aufgaben.
Wir erklären uns, was wir tun sollen.

Schritt 4
Wir bearbeiten gemeinsam die Aufgaben.
Dabei sprechen wir leise über unsere Ideen.

Tipp
- Wir sind freundlich zueinander.
- Wir arbeiten alle mit und hören uns gegenseitig zu.
- Wenn wir etwas aufschreiben müssen, einigen wir uns, wer schreibt.
- Wir sprechen zum Abschluss darüber, wie die Zusammenarbeit geklappt hat.

1 Probiert diese Schritte auf der nächsten Seite aus.

- Eine Methode kennenlernen
- Regeln für das soziale Miteinander kennenlernen

▶ A wie Anfang: S. 7
▶ Natur: S. 62, 75
▶ Texte verstehen: S. 155

Alle Zeit der Welt

Antje Damm

1 Was macht ihr gern, wenn ihr ganz viel Zeit habt?

2 Habt ihr schon mal erlebt, dass ihr oder jemand anderes gar keine Zeit hatte? Sprecht darüber.

3 Was fällt euch sonst noch zum Thema **Zeit** ein? Schreibt eure Ideen auf.

Die Zeit in der Schule geht manchmal schnell um. Manchmal aber auch langsam.

Hast du heute Zeit? Wollen wir zusammen spielen?

- Eine Methode anwenden
- Erfahrungen austauschen
- Zuhören

▸ Lernen: S. 144
▸ Geschichten: S. 172/173

Zuhören

In der Schule muss ich oft zuhören.

Manchmal kann ich mich beim Zuhören entspannen, zum Beispiel wenn ich eine Lesebuchgeschichte von der CD anhöre.

Oft muss ich aber konzentriert hinhören, um alles zu verstehen.

Schritt 1: Vor dem Zuhören
Ich überlege:

Schritt 2: Zuhören

- Ich setze mich bequem hin.
- Ich bin leise und aufmerksam.
- Ich störe den Vortrag nicht.
- Wenn ich Fragen habe oder etwas nicht verstehe, warte ich.

Schritt 3: Nach dem Zuhören
Ich kann Fragen stellen.
Ich kann mit anderen über das Gehörte sprechen.

- Eine Methode kennenlernen
- Regeln für das soziale Miteinander kennenlernen

▸ Bauen: S. 82/83
▸ Das Jahr: S. 113
▸ Geschichten: S. 162/163

A

B

C

D

E

F

1 Schau dir die Bilder an.
Welche der abgebildeten Situationen kennst du?

2 Wann fällt es dir leicht zuzuhören? Wann schwer?

3 Welche Bilder gehören zu welchem Zuhören?

Zuhören und genießen

Zuhören und Informationen entnehmen

- Über Bilder nachdenken
- Über Erfahrungen sprechen

- Schule: S. 18
- Bücher: S. 86
- Geschichten: S. 162/163

Einen Text vorlesen und vortragen

Manchmal möchte ich anderen
etwas vorlesen oder vortragen.
Das muss ich üben.
Dann können meine Zuhörer mich gut verstehen.

Schritt 1
Ich lese den Text leise für mich.

Schritt 2
Ich lese den Text mehrmals halblaut.
Dabei übe ich:
- langsam und deutlich zu sprechen,
- am Ende des Satzes eine Pause zu machen,
- besondere Wörter oder Stellen im Text zu betonen.

Schritt 3
Wenn ich zufrieden bin,
lese ich den Text anderen vor,
oder ich trage ihn auswendig vor.
Dabei spreche ich so laut,
dass mich jeder verstehen kann.

1 Suche dir von Seite 147 einen Text aus.
Du kannst auch einen anderen Text vortragen.
Bereite den Text mithilfe der Schritte für einen Vortrag vor.

- Eine Methode kennenlernen
- Hilfen für einen guten Vortrag kennenlernen

▶ A wie Anfang: S. 15
▶ Schule: S. 26/27
▶ Geschichten: S. 170/171

„Vater! Unser Lehrer kennt noch nicht einmal ein Pferd!"
„Wie kommst du denn darauf?"
„Heute hatten wir in der Schule Kunst.
Da habe ich ein Pferd gemalt,
und unser Lehrer hat mich gefragt, was das denn sein soll."

Elefant und Maus gehen wandern.
Nach zwei Stunden ist die Maus erschöpft
und kann nicht mehr.
Der Elefant nimmt die Maus auf seinen Rücken.
Eine Stunde später sagt die Maus:
„Jetzt bin ich wieder fit. Wollen wir nun mal tauschen?"

Es klapperten die Klapperschlangen,
bis ihre Klappern schlapper klangen.

Ein Stachelschwein, ein Stachelschwein,
das muss ein Schwein mit Stacheln sein,
doch hat es keine Stachelein,
so ist es auch kein Stachelschwein.

Oberhoppel Hoppelhase
hoppelt in dem Stoppelgrase,
hoppelt in sein Hasenhaus,
und du bist raus!

Ippchen, Dippchen, Silberknippchen,
Ippchen, Dippchen, Daus –
und du bist raus!

Ein Buch vorstellen

Bevor ich ein Buch vorstelle,
schreibe ich wichtige Informationen auf.

Schritt 1
Ich nenne den Titel und den Autor des Buches.

Schritt 2
Ich nenne meine Lieblingsfigur.
Das kann ein Mensch, ein Tier
oder auch ein Ding sein.

Schritt 3
Ich erzähle kurz,
was in dem Buch passiert.

Schritt 4
Ich erkläre, warum mir
das Buch so gut gefällt.

Noch mehr Ideen für die Buchvorstellung:

- Ich zeige mein Buch den anderen Kindern.
- Ich male ein passendes Bild zum Buch.
- Ich suche eine Stelle aus,
  die ich den anderen Kindern vorlesen möchte.
- Ich bereite mich auf das Vorlesen vor.
  (Hinweise dazu finde ich auf der Seite 146 im Lesebuch.)
- Zum Schluss beantworte ich Fragen der anderen Kinder.

- Eine Methode kennenlernen
- Hilfen für eine Buchvorstellung kennenlernen

- Bücher: S. 90, 99, 100
- Fantasie: S. 134/135
- Lernen: S. 146

Buchtipp von Lina

Buchtitel:
Wandas erste Schulgeschichten

Autorin:
Dagmar Geisler

Meine Lieblingsfigur im Buch:
Wanda

Darum geht es in dem Buch:
Wanda geht in die zweite Klasse.
Mit ihrer Lehrerin bereiten die Kinder der Klasse
ein Schulfest vor.

Darum gefällt mir das Buch:
Es passieren viele lustige Sachen
und die Bilder im Buch sind auch toll.

1 Lies Linas Buchtipp.
Hat Lina alle Schritte beachtet?

2 Schreibe selbst einen Buchtipp.

3 Trage deinen Buchtipp
in der Klasse vor.
Du kannst deinen Buchtipp
auch in der Klasse ausstellen
oder in dein Portfolio aufnehmen.

Ein Portfolio anlegen und führen

Das Portfolio kann ein Ordner,
eine Sammelmappe
oder eine Schatzkiste sein.

In meinem Portfolio
sammle ich Arbeiten,
die mir besonders gut gefallen
und mir wichtig sind.

Das kann ich in meinem Portfolio sammeln:

- Gedichte oder Geschichten,
  die ich aufgeschrieben oder abgeschrieben habe,
- Lesetipps zu Geschichten oder Büchern,
  die ich für meine Mitschüler geschrieben habe,
- Texte über mich und meine Familie,
  meine Wünsche oder meine Träume,
- Bilder oder Fotos, die ich zu Geschichten
  gemalt oder fotografiert habe,
- kleine Bücher, die ich selbst hergestellt habe.

▸ Möglichkeiten, ein Portfolio anzulegen und zu führen, kennenlernen

▸ Tiere: S. 30, 45
▸ Ich – du – wir: S. 47, 48, 49
▸ Bücher: S. 101

1 Gestalte ein Deckblatt für deine Portfolio-Mappe, deinen Ordner oder den Deckel deiner Portfolio-Schatzkiste.

▸ Schule: S. 20/21
▸ Bauen: S. 78/79
▸ Gedichte: S. 175, 177, 181

Werkstatt: Texte verstehen

Einen Text Schritt für Schritt lesen

Wenn ich einen Text lese, gehe ich immer gleich vor.
So kann ich einen Text besser verstehen.

Schritt 1: Vor dem Lesen
Ich schaue mir
die Überschrift des Textes
und die Bilder an.
Ich überlege:

Was könnte im Text stehen?

Schritt 2: Lesen
Ich lese den Text Absatz für Absatz.
Nach jedem Absatz stoppe ich
und stelle mir
die Fragen:

Was ist passiert?
Was habe ich erfahren?

Was habe ich gerade gelesen?

Wenn ich etwas nicht verstanden habe,
lese ich den Absatz noch einmal,
oder ich frage jemanden.

Schritt 3: Nach dem Lesen
Wenn ich den Text gelesen habe,
bearbeite ich die Aufgaben zum Text.

1 Probiere diese Schritte an dem Text auf Seite 153 aus.

- Eine methodische Anleitung lesen
- Lesestrategie kennenlernen

- Tiere: S. 40/41
- Natur: S. 63, 64/65, 70/71
- Bauen: S. 80/81, 82/83

Schnecken

Nadine Pistor

Tragen Schnecken ein Haus auf dem Rücken, so nennt man sie Gehäuseschnecken. Diese Schnecken schlüpfen schon mit ihrem Schneckenhaus aus dem Ei. Ihr Haus wird den Schnecken nie zu klein, denn es wächst mit. Löcher und Risse in ihrem Haus kann die Schnecke von innen selbst reparieren.

Schnecken können leicht austrocknen, denn sie bestehen zu einem großen Teil aus Wasser. Bei Sonne kriechen die Gehäuseschnecken in ihr Haus. Das Schneckenhaus können sie hinter sich verschließen. So sind sie auch vor Feinden geschützt.

Gehäuseschnecken können ihr Haus nicht verlassen. Im Schneckenhaus befinden sich wichtige Organe wie Herz und Lunge. Findest du ein leeres Schneckenhaus, so ist die Schnecke, die einmal darin gelebt hat, gestorben.

1 Beantworte die Fragen:

a) Woran erkennt man Gehäuseschnecken?
b) Warum wird das Haus einer Schnecke nie zu klein?
c) Woraus bestehen Schnecken zu einem großen Teil?
d) Warum können Gehäuseschnecken ihr Haus nicht verlassen?

Zeilenangaben machen

Manchmal suche ich eine bestimmte Stelle im Text.
Dann helfen mir die Zeilenzähler dabei,
die Stelle zu benennen.
Eine Reihe im Text nennt man Zeile.

Der wütende Willi

Hiawyn Oram

Zeilen-zähler →

1 Einmal lebte ein Junge, der Willi hieß. ← Zeile
2 Er wollte unbedingt aufbleiben
3 und den Wildwestfilm sehen.
4 „Nein“, sagte seine Mutter,
5 ...

Schritt 1
Ich lese den Text genau.

Schritt 2
Ich lese die Fragen zum Text.
Ich suche nun in jeder Frage
nach wichtigen Wörtern.
Diese Schlüsselwörter suche ich dann im Text.

Schritt 3
Die Stelle, an der ich die Antwort
auf die Frage gefunden habe,
schreibe ich auf.
Das nennt man
eine Zeilenangabe machen.
Manchmal können das auch
mehrere Stellen im Text sein.

1 Probiere diese Schritte an dem Text auf Seite 155 aus.

- Eine methodische Anleitung lesen
- Fachbegriffe kennenlernen

- Tiere: S. 33, 34/35
- Bauen: S. 80/81
- Das Jahr: S. 108, 109, 110

Immer ein bisschen anders!

Philipp Günther

Paula schüttet den Apfelsaft in ihre Flasche.
Paula schüttet den Apfelsaft in ihre Tasche.
Paula schüttelt den Apfelsaft in ihrer Flasche.

Niklas sitzt in seinem Bett und liest.
Niklas schwitzt in seinem Bett und liest.
Niklas schwitzt in seinem Bett und niest.

Die Mutter setzt den Deckel auf ihren Topf.
Die Mutter setzt den Deckel auf ihren Kopf.
Die Mutter setzt den Dackel auf ihren Kopf.

Die Kinder sitzen in der Klasse und schreiben.
Die Kinder schwitzen in der Klasse und schreiben.
Die Kinder flitzen durch die Klasse und schreien.

1 Lies die Fragen.
Suche die fett gedruckten Schlüsselwörter oben im Text.
Schreibe die passenden Zeilen auf.

a) In welcher Zeile **schüttelt** Paula den Apfelsaft?
b) In welcher Zeile **niest** Niklas?
c) In welcher Zeile steht etwas von einem **Dackel**?
d) In welcher Zeile **schreien** die Kinder?

a) Zeile 3
b) …

2 Arbeitet zu zweit.
Erfindet Fragen wie in Aufgabe 1 und stellt sie euch.
In welcher Zeile …

- Gezielt Informationen im Text finden
- Zeilenangaben machen

▶ Lernen: S. 142
▶ A wie Anfang: S. 14

Schwierige Textstellen verstehen

In manchen Texten gibt es schwierige Wörter oder Textstellen, die ich nicht verstehe.
So kann ich auch schwierige Texte besser verstehen:

Schritt 1
Ich lese den Text genau.

Schritt 2
Wenn ich ein Wort oder eine Textstelle nicht verstehe, mache ich mir auf einem Zettel eine Notiz.
Ich schreibe auch die Zeilennummer auf, damit ich die Wörter oder Textstellen gut wiederfinden kann.

Schritt 3
Ich finde heraus, was die Wörter oder Textstellen bedeuten.
Dazu kann ich

- die Bilder neben dem Text anschauen. Manchmal finde ich hier eine Erklärung.
- die Wörter und Sätze vor und nach der schwierigen Stelle noch einmal lesen und nachdenken.
- die Wörter nachschlagen.
- jemanden fragen.

1 Probiere diese Schritte an dem Text auf Seite 157 aus.

Warum schlecken sich Katzen ständig ab?

Der Kinder Brockhaus

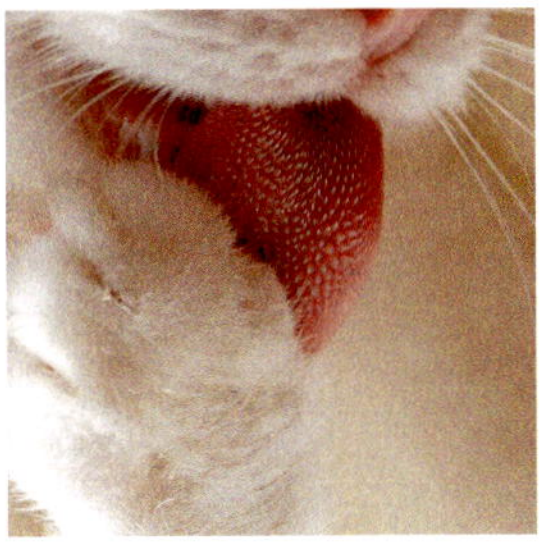

Katzen haben auf der Zunge winzige Stacheln aus Horn, die nach hinten ausgerichtet sind und wie eine Raspel wirken. Sie können damit Knochen von Beutetieren blank ablecken.

Hauptsächlich benutzen Katzen ihre Zunge zur Reinigung, indem sie abgestorbene Haare aus ihrem Fell lösen. Die im Magen angesammelten Haare werden regelmäßig als Gewölle ausgewürgt.

Da Katzen kaum Schweißdrüsen haben, dient ihnen das Ablecken auch zur Regulierung ihrer Körpertemperatur.

Zeile 2: Stacheln aus Horn

Zeile 5: Raspel

Zeile 7: Beutetiere

Zeile 13: Gewölle

Zeile 16: Regulierung der Körpertemperatur

1 Schau dir das Foto neben dem ersten Absatz an.
Suche die **Stacheln aus Horn** auf der Katzenzunge.

2 Überlege: Was ist eine **Raspel**?
Was könnten **Beutetiere** der Katze sein?
Wenn du es nicht weißt, frage nach.

3 Lies noch einmal den Absatz mit dem Wort **Gewölle**.
Woraus besteht das Gewölle? Was ist es?

4 **Regulieren** bedeutet **ausgleichen**.
Überlege: Was bedeutet **Regulierung der Körpertemperatur**?
Wenn du es nicht weißt, lass es dir erklären.

▸ Methoden zur Klärung schwieriger Wörter und Textstellen anwenden

▸ Tiere: S. 30–33
▸ Texte verstehen: S. 152, 154

Eine Tabelle lesen

In einer Tabelle werden Zahlen oder Texte übersichtlich und geordnet dargestellt.
Eine Tabelle hat Zeilen, Spalten und Felder.

Spalte

Zeile

	Montag	Dienstag	Mittwoch	Donnerstag	Freitag
1. Stunde	Deutsch	Religion	Religion	Musik	Englisch
2. Stunde	Mathe	Deutsch	Mathe	Englisch	Sach-unterricht

Feld

Schritt 1: Vor dem Lesen
Ich schaue mir die Tabelle an.
Ich vermute, worum es in der Tabelle geht.

Schritt 2: Lesen

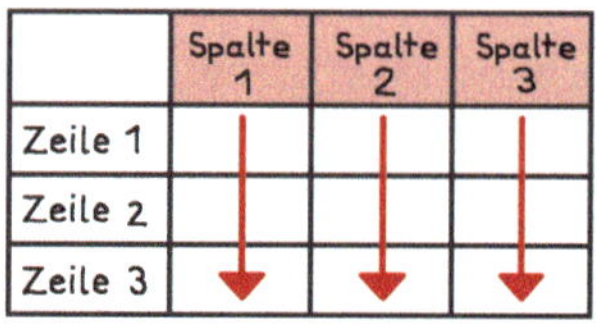

- Ich lese die Überschrift jeder Spalte.
  Spalten lese ich von oben nach unten.
- Ich lese die Zeilen.
  Zeilen lese ich von links nach rechts.

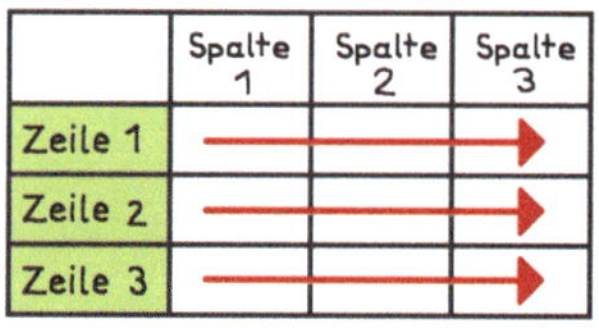

Schritt 3: Informationen suchen

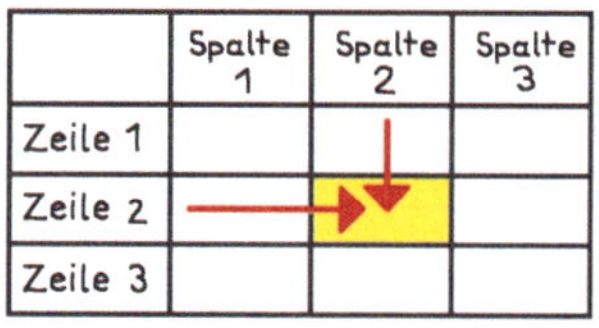

- In der passenden Spalte gehe ich nach unten.
- In der passenden Zeile gehe ich nach rechts.
  So finde ich das Feld mit der Information.
- Die Information aus der Tabelle merke ich mir oder ich schreibe sie auf.

1 Probiere diese Schritte auf Seite 159 aus.

Hilfen zum Verständnis von diskontinuierlichen Texten kennenlernen

Stundenplan von Luzie

	Montag	Dienstag	Mittwoch	Donnerstag	Freitag
1. Stunde	Mathe 1+1	Religion	Deutsch	Deutsch	Musik
2. Stunde	Deutsch	Deutsch	Mathe 1+1	Mathe 1+1	Sach-unterricht
3. Stunde	Englisch	Mathe 1+1	Kunst	Sport	Deutsch
4. Stunde	Musik	Sach-unterricht	Kunst	Sport	Mathe 1+1
5. Stunde	Sach-unterricht	Englisch			Religion

1 Beantwortet abwechselnd die Fragen:
- Wie viele Spalten hat der Stundenplan?
- Wie viele Zeilen hat der Stundenplan?
- Warum hat Luzies Stundenplan zwei leere Felder?
- An welchen Tagen hat Luzie fünf Stunden Unterricht?

2 Stellt euch gegenseitig Fragen zu der Tabelle und beantwortet sie:
- Welches Fach hat Luzie am Montag in der 3. Stunde?
- An welchem Tag hat Luzie in der ersten Stunde Musik?
- Hat Luzie jeden Tag das Fach Deutsch?
- …

3 Vergleicht Luzies Stundenplan mit eurem Stundenplan. Was ist anders? Was ist gleich?

Fragen zu diskontinuierlichen Texten stellen und beantworten

▸ A wie Anfang: S. 13
▸ Schule: S. 24
▸ Das Jahr: S. 102

Fachwörter für Geschichten und Sachtexte

Ein Text hat eine Überschrift.
Nach der Überschrift steht meistens
der Name des Autors oder der Autorin.
Die meisten Texte haben mehrere Absätze.
Ein Absatz besteht aus mehreren Sätzen.
Ein Satz kann kürzer oder länger sein als eine Zeile.

Überschrift → **Piratenleben**

Martin Nader ← Autor/Autorin

erster Absatz:

400 Jahre ist es etwa her, ← Zeile
da heuerte William auf einem Piratenschiff an.
Williams Familie war sehr arm. ← Satz
Als Pirat wollte er ein besseres Leben haben.

zweiter Absatz:

Aber das Leben an Bord des Schiffes war hart.
Wenn gerade keine Kämpfe stattfanden,
musste viel geputzt und repariert werden.
Auch das Essen war schlecht.
Es gab meistens Zwieback,
der voller Würmer war. Frisches Essen
und frisches Wasser gab es kaum.
So hatte William sich das Piratenleben
nicht vorgestellt.

1 Stellt euch gegenseitig Fragen.
Benutzt dabei die Fachwörter.
- Wie heißt die Überschrift des Textes?
- Wer ist der Autor?
- …

- Fachwörter kennenlernen und verwenden
- Fragen formulieren

▸ Fachwörter: S. 192–197
▸ Tiere: S. 33, 34/35
▸ Bücher: S. 90, 98/99, 100

Fachwörter für Gedichte

Ein Text, der sich reimt, ist ein Gedicht.
Ein Gedicht hat eine Überschrift.
Nach der Überschrift steht der Name des Autors
oder der Autorin.
Viele Gedichte haben mehrere Absätze.
Diese Absätze nennt man Strophen.
Eine Strophe besteht immer aus mehreren Zeilen.
Diese Zeilen im Gedicht heißen Verse.
In vielen Gedichten stehen Reimwörter am Ende der Verse.

Überschrift → **Zwei Bücher**

Hans Baumann ← Autor/Autorin

erste Strophe
Das eine versprach: „Ich mache dich klug, ← Zeile/Vers
in mir stehen Weisheiten mehr als genug.“

zweite Strophe
Das andere meinte: „Ich mache dir Spaß.“ ← Reim(wort)
Da las ich das Buch und las und las –

dritte Strophe
und las dann im klugen Buch weiter,
doch das lustige war viel gescheiter.

1 Stellt euch gegenseitig Fragen.
Benutzt dabei die Fachwörter.
- Wie heißt die Überschrift des Gedichtes?
- Wer ist der Autor des Gedichtes?
- Wie viele Strophen hat das Gedicht?
- Wie viele Verse hat die erste Strophe?
- Welche Wörter reimen sich?
- ...

- Fachwörter kennenlernen und verwenden
- Fragen formulieren

▶ Fachwörter: S. 192–197
▶ Das Jahr: S. 107, 111, 122
▶ Gedichte: S. 174–181

Werkstatt: Geschichten

Zu einem Bild erzählen

1 Welches Foto gefällt dir besonders gut?
Begründe.

- Fotos betrachten
- Sich eine Meinung bilden und begründen

▸ Bauen: S. 76
▸ Fantasie: S. 124

1 Lies den Geschichtenanfang in der Sprechblase.
Zu welchem Foto auf der linken Seite passt er?

2 Wähle ein Foto aus.
Denke dir dazu eine Geschichte aus.

3 Erzähle den anderen Kindern deine Geschichte.
Lasse sie raten, zu welchem Foto deine Geschichte gehört.

Tipp

Das kannst du in deiner Geschichte erzählen:
- Wer erlebt etwas?
- Wo spielt die Geschichte?
- Was ist passiert?
- Wie geht es weiter?

- Text und Bild zuordnen
- Erzählideen entwickeln
- Zu einem Bild erzählen

- Das Jahr: S. 118/119
- Fantasie: S. 130
- Lernen: S. 144

Der Froschkönig

Nach den Brüdern Grimm

Es war einmal eine Königstochter, die saß an einem Brunnen. Sie hatte als Spielzeug eine goldene Kugel. Die warf sie in die Höhe. Auf einmal rollte die Kugel in den Brunnen hinein. Das Mädchen fing an, jämmerlich zu weinen: „Ich wollte alles darum geben, wenn ich die Kugel nur wiederhätte!“

1 Da kam ein Frosch aus dem Wasser und sagte: „Wenn du mich heiratest, bringe ich sie dir wieder.“ Das versprach die Königstochter, und der Frosch holte ihr die goldene Kugel herauf.

2 Sie lief mit der Kugel nach Hause, den Frosch aber nahm sie nicht mit.

3 Am anderen Tag klopfte der Frosch an die Tür und rief: „Königstochter, jüngste, mach mir auf! Weißt du nicht, was du mir gestern versprochen hast?“

4 Da sagte der König: „Was du versprochen hast, musst du halten. Geh und öffne dem Frosch die Tür!“

5 So musste die Tochter den Frosch hereinlassen und von ihrem goldenen Tellerchen essen lassen.

6 Wie der Frosch sich satt gegessen hatte, wollte er sich zu ihr ins Bettchen legen. Da packte sie ihn mit zwei Fingern und trug ihn in ihr Kämmerlein. Sie wollte ihn aber nicht in ihr Bett legen.

7 Stattdessen warf sie ihn – batsch – an die Wand.

8 Da fiel er herab und war ein schöner, junger Prinz. Er war von seinem Zauber erlöst, und die Königstochter heiratete ihn.

1 Lest das Märchen Abschnitt für Abschnitt vor.
Zeigt jeweils auf das Bild,
das zum vorgelesenen Abschnitt passt.

2 Erzählt das Märchen mithilfe der Bilder.

Eine Geschichte mit Bildern nacherzählen

Wenn wir eine Geschichte nacherzählen wollen, können wir passende Bilder zur Geschichte malen. Die Bilder helfen uns, nichts zu vergessen.

Schritt 1
Wir lesen die Geschichte leise durch.

Schritt 2
Wir teilen die Geschichte in Abschnitte ein.
Jeder übernimmt einen oder zwei Abschnitte.

Schritt 3
Wir malen zu unseren Abschnitten passende Bilder.

Schritt 4
Wir zeigen unsere Bilder und erzählen dazu die Geschichte.

Tipp

- Ich spreche laut und deutlich.
- Ich mache Pausen.
- Ich betone Wichtiges.
- Ich schaue die Zuschauer ab und zu an.

1 Arbeitet zu dritt.
Probiert die Schritte an der Geschichte auf Seite 167 aus.

▸ Eine Methode zum Nacherzählen einer Geschichte kennenlernen

▸ Das Jahr: S. 118/119
▸ Lernen: S. 142, 146

Die Geschichte von den Ferkelchen

Ursula Wölfel

Einmal ist ein Schwein
mit seinen Ferkelchen
auf die Wiese gegangen.

Es war sehr heiß
und das Schwein
hat sich in den Schatten gelegt
und ist eingeschlafen.
Da sind die Ferkelchen weggelaufen.

Eins ist in den Garten gelaufen,
da hat es grüne Beeren gefressen
und davon hat es Bauchweh bekommen.

Eins ist in den Hof gelaufen,
da hat der Gänserich das Ferkelchen
ins Ringelschwänzchen gezwickt.

Eins ist auf die Straße gelaufen,
da ist ein Auto gekommen
und das Ferkelchen ist vor Schreck
in den Graben gekugelt
und nachher war es sehr schmutzig.

Nur das allerkleinste Ferkelchen,
das ist bei der Mutter geblieben.
Es hat kein Bauchweh bekommen,
es ist nicht vom Gänserich gezwickt worden
und es war überall fein sauber und rosa.
Aber es hat sich den ganzen Tag
fürchterlich gelangweilt.

- Eine Methode anwenden
- Einen Text mithilfe von Bildern nacherzählen

- Bauen: S. 78/79
- Das Jahr: S. 118/119
- Geschichten: S. 165

Eine Geschichte gemeinsam weitererzählen

Ein Insel-Abenteuer

Ursula Schwarz

Ein Forscher ist auf dem Meer in ein Unwetter geraten. Tag und Nacht treibt er in seinem Boot auf dem Wasser. Irgendwann schläft er erschöpft ein.

Da weckt ihn plötzlich ein heftiger Ruck. Das Boot ist auf einer Insel gestrandet. Genauer gesagt, ein spitzer Felsen hat es aufgespießt. Ist das die Rettung?

Der Forscher schaut sich um. Er sieht den felsigen Strand, einen dichten Urwald und einen mächtigen Vulkan. Es ist still und sehr heiß. Ob die Insel bewohnt ist? Gibt es hier Trinkwasser und etwas Essbares? Und wie soll er von hier wieder fortkommen?

1 Malt die Insel auf einen großen Bogen Papier, ergänzt eure Ideen, und erzählt die Geschichte gemeinsam weiter.

2 Stellt euer Bild und eure Geschichte in der Klasse vor.

- Eigene Gedanken zu Texten entwickeln
- Eigene Texte präsentieren

- Bücher: S. 92/93
- Fantasie: S. 126/127
- Lernen: S. 142

Auf dem Spielplatz

Anna Apelt

Die Kinder wippen.
Paul sitzt im Rollstuhl
und schaut zu.
Anne soll auf ihn achten.
Anne wippt mit Cansu.
Paul schaut zu.
Jan wippt mit Cansu.
Paul schaut zu.
Sinan wippt mit Anne.
Paul schaut zu.
Da hat Anne eine Idee.

1 Spielt die Geschichte bis hierhin.

2 Sprecht darüber:
Wie hat Paul sich in der Geschichte gefühlt?

3 Spielt die Geschichte weiter.
Welche Idee könnte Anne haben?

4 Lest nun dieses Ende der Geschichte.
Vergleicht es mit euren Lösungen.

Auf einer Bank sitzen ein paar Jugendliche. Anne läuft hin. „Paul will mal wippen“, sagt sie und zeigt auf den Rollstuhl. Die Jugendlichen auf der Bank sehen sich an. Ein Junge nickt. „Das wird sich machen lassen“, sagt er.

▸ Eine Perspektive einnehmen
▸ Eine Geschichte antizipieren

▸ Schule: S. 26/27
▸ Ich – du – wir: S. 58/59
▸ Natur: S. 66/67

Vom Streiten und Dröhnen und vom schönen Sich-Versöhnen

Gerda Anger-Schmidt

Ich kann sieben Meter weit spucken!
Und du?

Ich siebzehn.

Mmm! Außerdem kann ich
neunzehn Erdbeerknödel essen.

Und ich dreißig.

Kannst du nicht!

Kann ich doch!

Angeber!

Selber Angeber!

Blödmann!

Schießbudenfigur!

Spatzenhirn!

Schreckschraube!

Du bist so was von gemein!
Das gibt's überhaupt nicht!

Und du bist noch viel gemeiner!
Das gibt's noch viel weniger!

Hornochse!

Kampfhenne!

Rippenbiest!

Speckschwarte!

Mit dir rede ich nie wieder!
Nie wieder in meinem ganzen Leben.

Und ich will dich nie mehr sehen.
Bis in alle Ewigkeit nicht!

Und nach der Ewigkeit,
sind wir dann wieder gut?

Vielleicht.

Und wenn ich dir
ein Stück Wassermelone schenke?

Ja, dann … dann bestimmt …

Dann können wir um die Wette spucken.

Aber wir spucken gleich weit,
abgemacht?

Abgemacht!
Obwohl ich weiter spucken kann als du …

Das glaubst aber nur du!

1 Arbeitet zu zweit.
Lest den Text und überlegt: Was passiert in der Geschichte?

2 Verteilt die Rollen.
Ein Kind liest den blauen Text, ein Kind den roten.
Übt, den Text so zu lesen, dass er wie ein Streit klingt.

3 Lest den Text in der Klasse vor.
Fragt eure Zuhörer, was ihnen gut gefallen hat.

- Zusammenarbeiten
- Einen Text sinngestaltend mit einem Partner vorlesen

▸ Schule: S. 26/27
▸ Lernen: S. 142, 144, 146
▸ Darstellendes Spiel: S. 186
▸ Hör-CD: Nr. 36

„Hallo“, sagt die Biene

Hermine Wolf

„Blöder Maulwurf. Immer nur im Dunkeln wühlen. Wie langweilig“, denkt die Biene. „Im Sonnenschein summen ist viel schöner.“ Sie summt vergnügt weiter.

Da trifft sie eine Amsel. „Hallo, Vogel, wollen wir zusammen spielen?“ „Klar“, sagt die Amsel, „aber nicht hier. Komm, setz dich in meinen Schnabel. Wir fliegen zum Wald. Da ist es viel schöner.“

„Ich bin doch nicht blöd“, denkt die kleine Biene und versteckt sich schnell unter einem großen Blatt.

„Blöder Wurm. Immer muss er arbeiten. Wie langweilig“, denkt die Biene und summt vergnügt weiter.

Da trifft sie einen Maulwurf. „Hallo, Maulwurf, wollen wir zusammen spielen?“ „Keine Lust. Ist mir viel zu hell hier“, sagt der Maulwurf. „In der Erde graben ist schöner. Kannst ja mithelfen.“

Und schwupp, ist der Maulwurf in seinem Erdhügel verschwunden.

Als die Amsel wieder weg ist, summt die kleine Biene vergnügt weiter über die Wiese.

Da trifft sie einen Schmetterling. „Hallo, Schmetterling, wollen wir zusammen spielen?“ „O ja, gerne!“, ruft der Schmetterling begeistert. „Wir könnten den neuen Flattertanz üben. Morgen ist der große Wiesentanzwettbewerb. Da können wir gewinnen.“

Und die beiden tanzen bis zum Abend miteinander.

Eine kleine Biene summt vergnügt über die Wiese.

Da trifft sie einen Regenwurm. „Hallo, Regenwurm, wollen wir zusammen spielen?“ „Keine Zeit“, sagt der Regenwurm. „Muss arbeiten. Kannst mir ja helfen.“

Und schon ist er verschwunden.

1 Arbeitet zu viert.
Jedes Kind eurer Gruppe liest einen Abschnitt.
Erzählt euch gegenseitig, was in den Abschnitten steht.

2 Setzt die Geschichte gemeinsam zusammen.
Wie könnt ihr die richtige Reihenfolge herausfinden?

3 Lest die Geschichte in der richtigen Reihenfolge vor.

- Informationen entnehmen
- Zusammenhänge herstellen
- Zusammenarbeiten

▸ Natur: S. 74
▸ Lernen: S. 142, 144, 146
▸ Geschichten: S. 164/165

Werkstatt: Gedichte

Reime entdecken

Wer sitzt wo bei Regenwetter?

Georg Bydlinski

Der Eichelhäher
auf dem Rasenmäher,
der Elefant
auf dem Tellerrand,
der Kolibri
auf meinem Knie,
die Wasserratte
auf der Bastematte,
die Riesenspinne
unter der Regenrinne,
die Klapperschlange
auf der Vorhangstange,
die Katze
auf der Luftmatratze,
das Gnu
im linken Fußballschuh.

Da sitzen sie alle
mit saurem Gesicht
und warten auf den Wetterbericht.

1 Welche Wörter reimen sich in diesem Gedicht?

2 Spielt zu zweit mit den Reimen des Gedichts.
Einer fragt, einer antwortet.

Wer sitzt auf der Bademattes? — Die …
Wo sitzt das Gnu? — Im …

3 Erfinde noch mehr Reimsätze.
Schreibe sie auf.

Das Krokodil
sitzt auf dem Besenstiel.

Krokodil – Besenstiel
Mücke – Brücke
Papagei – …
Wurm – …

▸ Reimwörter erkennen
▸ Mit Reimen spielen
▸ Schreibmuster nutzen
▸ Das Jahr: S. 103
▸ Texte verstehen: S. 161
▸ Gedichte: S. 175, 176
▸ Hör-CD: Nr. 37

Die Feder

Joachim Ringelnatz

Ein Federchen flog über Land.
Ein Nilpferd schlummerte im S_____.

See Sand

Die Feder sprach: „Ich will es wecken!“
Sie liebte, andere zu _____.

necken ärgern

Aufs Nilpferd setzte sich die Feder
und streichelte sein dickes _____.

Fell Leder

Das Nilpferd öffnete den Rachen
und musste ungeheuer _____.

lachen niesen

1 Lies das Gedicht.
Ergänze dabei die Reimwörter.

2 Schreibe das Gedicht mit den Reimwörtern ab.
Male dazu. Überlege, ob du es
in dein Portfolio aufnehmen möchtest.

3 Lerne das Gedicht auswendig.
Dabei können deine Bilder dir helfen.

- Reimwörter erkennen
- Zu einem Gedicht malen
- Auswendig lernen

▶ Das Jahr: S. 107
▶ Lernen: S. 150 (Portfolio)
▶ Gedichte: S. 180/181

Selbst reimen

Peratze perütze

Otto Julius Bierbaum

Peratze perütze,
wo ist meine Mütze,
perütze perause,
wo ist meine Krause,
perause peracke,
wo ist meine Jacke,
peracke perose,
wo ist meine Hose,
perofel periefel,
wo sind meine Stiefel?

1 Worum geht es in diesem Gedicht?

2 Welche Reime entdeckst du?

3 Lies das Gedicht noch einmal. Reime weiter.

4 Schreibe deine neuen Reime auf.

Periefel perulli,
wo ist denn mein ...?
Perulli, perappe,
wo ist meine ...?
Perappe, perille,
wo ist meine ... ?
...

- Reime und Reimstruktur erkennen
- Schreibmuster nutzen

▸ Lernen: S. 146, 150 (Portfolio)
▸ Gedichte: S. 174

Besondere Gedichte lesen und schreiben

Das Gedicht mit der 8

Barbara Rhenius

Letzte N8
bin ich plötzlich aufgew8
und hab ged8:
„Hat da nicht einer Krach gem8?“
Ich schlich ganz s8
ans Fenster.
Doch draußen nichts als dunkle N8!
Da hab ich über mich gel8
und hab ged8:
„Ich glaub, ich seh Gespenster!“

1 Was ist das Besondere an diesem Gedicht?

2 Lies das Gedicht vor.

Rosinchen träumt von Pferden

Barbara Rhenius

Es war in dunkler Mitternacht,
da ist Rosinchen aufgewacht.
Im Traum fiel sie vom Pferde.
„Wo bin ich nur?“, hat sie gedacht,
denn sie war aus dem Bett gekracht.
Da lag sie auf der Erde.

3 In diesem Gedicht ist die 8 vier Mal versteckt. Finde sie.

4 Schreibe das Gedicht auf ein Schmuckblatt.
Schreibe für acht immer eine 8.

Gedichte verändern

Wenn beide Eltern Enten sind

Frantz Wittkamp

Wenn beide Eltern Enten sind,
ein ganz normaler Fall,
dann kriegen sie ein Entenkind
und keine Nachtigall.

1 Setze andere Tiernamen in das Gedicht ein.
Trage es dann vor.

Abendstunde

Hans Manz

Ein Kind geht.
Es geht und geht.
Geht und geht und geht –
zu Bett.

2 Was ist das Besondere an diesem Gedicht?

3 Verändere das Gedicht:
- Setze eine andere Person, ein Tier oder ein Ding ein.
- Was tut die Person, das Tier oder das Ding?
- Welche Überschrift passt dann dazu?

<u>Fußball</u>
Der Ball rollt.
Er rollt und rollt.
Rollt und rollt und rollt –
ins Tor.

Nico

4 Schreibe dein Gedicht auf.

<u>Geburtstag</u>
Ich warte.
Ich …

- Den Aufbau eines Gedichts erkennen
- Schreibmuster nutzen

▸ Lernen: S. 146, 150 (Portfolio)
▸ Ich – du – wir: S. 47

Der blaue Hund

Peter Hacks

Geh ich in der Stadt umher,
Kommt ein blauer Hund daher,
Wedelt mit dem Schwanz so sehr,
Nebenher,
Hinterher
Und verläßt mich gar nicht mehr.

Wedelt mit den blauen Ohren,
Hat wohl seinen Herrn verloren.

In Gedichten können Tiere ganz anders als in Wirklichkeit sein.

1 Was für einen Hund hat sich Peter Hacks ausgedacht? Sprecht darüber.

2 Denk dir einen eigenen Hund aus. Verändere das Gedicht an den markierten Stellen mit deinen Ideen:
- Wie soll er aussehen?
- Wie soll er sein?
- Was ist mit deinem Hund los?

3 Schreibe dein Gedicht auf und lies es vor.

4 Schreibe dein Gedicht auf ein Schmuckblatt, male ein Bild dazu und stelle es aus.

- Vorstellungen beim Lesen eines Gedichts entwickeln
- Schreibmuster nutzen

▸ Lernen: S. 146, 150 (Portfolio)

Ein Gedicht auswendig lernen und vortragen

Wenn ich ein Gedicht vortragen möchte,
muss ich es zuerst in meinem Gedächtnis speichern.
Das heißt **auswendig lernen**.

Schritt 1: Vor dem Auswendiglernen
Ich lese das Gedicht leise
oder lasse es mir vorlesen.
Dabei stelle ich mir vor,
was in dem Gedicht erzählt wird:

- Von wem wird erzählt?
- Was passiert?

Ich probiere Bewegungen zu dem Gedicht aus
oder male passende Bilder zu dem Gedicht.

Schritt 2: Auswendiglernen
Ich lese das Gedicht laut –
mindestens zweimal.
Ich spreche zweimal
die Überschrift und den Autor,
dann zweimal die Überschrift,
den Autor und den ersten Vers
und immer einen Vers dazu.
Ich übe so lange,
bis ich das ganze Gedicht
auswendig sprechen kann.

Tipp

Beim Auswendiglernen
können meine Bewegungen und Bilder mir helfen.
Wir können auch zu zweit üben.

Schritt 3: Vortragen
Ich stelle mich vor die Zuhörer
und warte, bis alle ruhig sind.
Ich schaue meine Zuhörer an.
Ich nenne die Überschrift und den Autor,
zum Beispiel: „*Wie's damals war*,
von Josef Guggenmos".
Ich spreche langsam, laut und deutlich.
Ich mache auch Bewegungen
zu meinem Gedichtvortrag.

1 Probiere das Auswendiglernen und Vortragen mit dem Gedicht **Wie's damals war** von Josef Guggenmos aus.

Wie's damals war

Josef Guggenmos

Der Ritter Robert reitet
von seinem Sohn begleitet.
Sie reiten über Berg und Tal,
sie reiten durch die Nacht,
und auf der wackligen Brücke
geben sie gut acht.

Werkstatt: Darstellendes Spiel

Pantomime: Ohne Worte etwas darstellen

Zirkus-Pantomime

- Zauberer
- Pferde
- Jongleure
- Elefanten
- Dompteure
- Clowns
- Seiltänzer
- Löwen
- …

1 Was stellen die Kinder hier jeweils dar? Ratet.
Woran erkennt ihr das?

2 Probiert selbst Bewegungen aus, die zum Zirkus passen.

- Ohne Worte darstellen
- Die Wirkung von Gestik und Mimik ausprobieren

▸ Das Jahr: S. 106, 112, 116
▸ Darstellendes Spiel: S. 183–191

Ein Pantomime-Spiel

1 Für dieses Spiel braucht ihr mindestens vier Spieler.
Mehr Spaß macht das Spiel in größeren Gruppen!
Wählt zuerst gemeinsam ein Thema aus.

2 Sammelt passende Begriffe zu eurem Thema
und schreibt sie auf einzelne Kärtchen.

Polizist | Musiker | Lehrerin | ...

3 Spielt nun zu zweit:
- Zieht ein Kärtchen.
- Überlegt und probiert aus, wie ihr den Begriff ohne Worte darstellen könnt.
- Spielt dann vor – ohne Worte, nur mit Bewegungen!

4 Die anderen Kinder müssen euren Begriff erraten.

5 Danach ist die nächste Zweier-Gruppe an der Reihe.

- Ohne Worte darstellen
- Die Wirkung von Gestik und Mimik ausprobieren

▸ A wie Anfang: S. 7
▸ Lernen: S. 142
▸ Darstellendes Spiel: S. 182

Durch den Schlamm

Josef Guggenmos

Ein
Mann
stapft
durch
den
Schlamm,
ab
und
zu
hält
er
an,
weil
er
nicht
mehr
kann.
Doch jetzt ist er durch,
jetzt marschiert er wieder
auf festem Grund
und pfeift frohe Lieder.

1 Arbeitet zu zweit.
Lest zusammen das Gedicht.

2 Stellt euch dabei vor und probiert aus,
wie sich der Mann durch den Schlamm bewegt.

3 Lest und spielt abwechselnd.

- Sinngestaltend vorlesen
- Handelnd mit einem Gedicht umgehen
- Schule: S. 23
- Das Jahr: S. 106, 112, 116
- Darstellendes Spiel: S. 185
- Hör-CD: Nr. 38

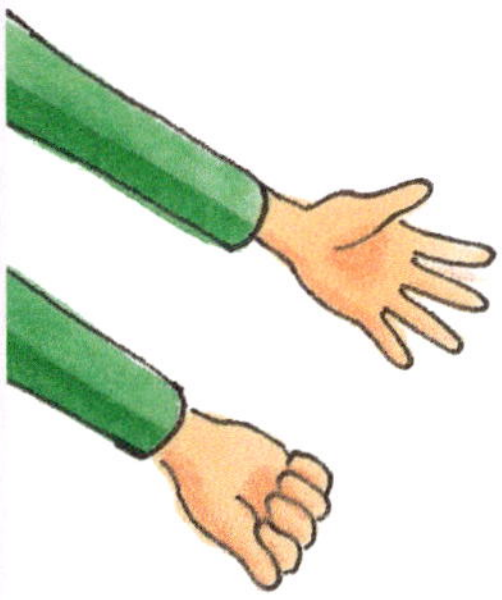

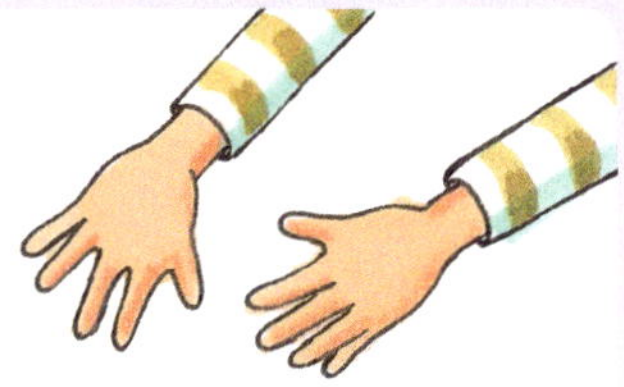

Fingerlied

Fredrik Vahle

Flinke Finger, flinke Finger,
jede Hand hat fünf so Dinger.

Können kitzeln, können bohren
in der Nase, in den Ohren.

Können drücken, können tupfen,
können dich ganz sachte zupfen.

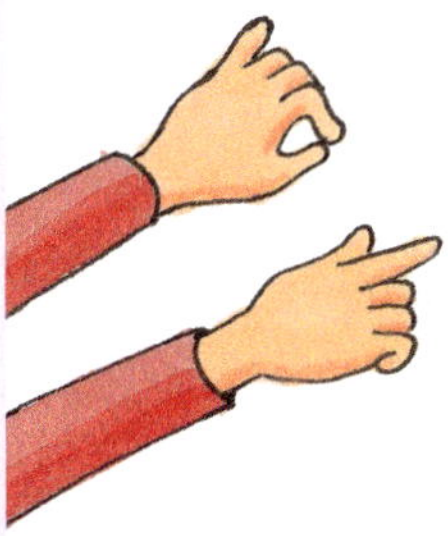

Können zeigen, können tippen,
können kratzen, können schnippen.

Können klopfen, können kneifen
und man braucht sie immerzu,
um das Leben zu begreifen.

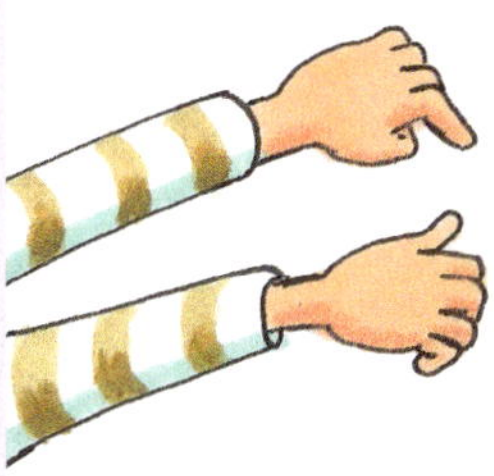

1 Arbeitet zu zweit.
Lest abwechselnd Strophe für Strophe.
Welche Bewegungen kommen vor? Probiert sie aus.

2 Ein Kind liest die Strophe.
Das andere macht die passenden Bewegungen dazu.
Wechselt euch ab.
Lernt das Gedicht auswendig.

3 Sprecht und spielt das Fingerlied gemeinsam als Rap.
Tipp: Klopft zu jeder Zeile vier Taktschläge: 1 – 2 – 3 – 4.

▶ Schule: S. 23
▶ Das Jahr: S. 106, 112, 116
▶ Darstellendes Spiel: S. 184

Jonki hat einen Traum

Gina Ruck-Pauquèt

Wuff! Wuff!

Ach, geh fort, Kläff!

Ich will mit dir spielen, Jonki.

Pfui! Geh fort!

Uuuh! Warum bist du denn auf einmal so ekelhaft? Und das am frühen Morgen?

Das weißt du ganz genau.

Nichts weiß ich. Was ist denn los?

Du hast mich gebissen!

Was habe ich? Aber das ist doch gar nicht wahr.

Doch!

Nein!

Doch!

Ihr streitet doch nicht etwa. Was ist denn passiert?

Wu! Er sagt, ich hätte …

Er hat mich gebissen, Opa!

Warum denn?

Ich habe Jonki doch gar nicht gebissen.

Doch. Ich bin über eine Wiese gegangen, und da ist Kläff gekommen und hat mich gebissen.

Hier ist doch gar keine Wiese.

Das war ja auch im Traum.

Ach so!

Ich war nicht in deinem Wiesentraum.

Doch! Und es hat weh getan.
Und jetzt spiele ich nicht mehr mit dir.

Uuh! Uhuuu!

Seid mal still! Warum hat Kläff dich denn gebissen?

Ach, bloß weil ich ihm ein bisschen auf die Pfote getreten hatte.
Aber das tat ich doch nicht mit Absicht.

Das hat auch weh getan.

Hast du es gespürt, Kläff?

Nein, Jonki.

Siehst du, Opa?

Aber Jonki, es war doch dein Traum.

Ja. Wenn Kläff mich schon in meinem eigenen Traum beißt, was denkst du, was er dann in seinen Träumen tut!

Ich träume immer nur von Frikadellen.

Nun vertragt euch wieder.

1 Arbeitet zu dritt. Lest den Text mit verteilten Rollen.

2 Lest und spielt den Text mit Stimme und Betonung so vor, dass man hören kann, wie die drei miteinander streiten.

Vorlesen und dazu spielen

Eine Räubergeschichte

Nach Hanna und Rolf Hanisch

Es ist dunkle Nacht.
Nichts ist zu sehen.

Drei Räuber stapfen
durch den Wald.
Der erste heißt Zack.
Der zweite heißt Zack-Zerack.
Der dritte heißt Zack-Zerack-Zackeromini.

Die Räuber stapfen
durch den dunklen Wald.
Sie suchen einen Schatz.
Und wo steckt der Schatz?

Der Schatz steckt im alten Schloss.
Und wo liegt das Schloss?
Das Schloss liegt im Wald.
Dort!

Die Räuber ducken sich.
Sie schleichen mit leisen Schritten.
Sie schieben die Zweige zur Seite.

Sie stehen vor dem Schloss.
Sie klopfen an das Tor.
Sie schauen durch ein Fenster.

Zack stößt mit dem Kopf an die Scheibe.
Es klirrt.

Das Schlossgespenst kichert.
Hihi! Hihi!

Da kriegen die Räuber einen Schreck. Sie laufen davon.

Zack stößt gegen einen Baum. Bumm!

Zack-Zerack stolpert über einen Stein. Hoppla!

Zack-Zerack-Zackeromini plumpst in den Bach. Platsch!

Das Schlossgespenst lacht. Hohoho! Hohohoho!

Die Räuber ziehen wieder ab.

1 Lasst euch die Geschichte vorlesen, und schaut die Bilder an.

2 Lest dann die Geschichte miteinander Zeile für Zeile.

3 Überlegt, probiert aus und macht vor, was und wie ihr dazu spielen könnt. Die Bilder geben euch Hinweise dafür.

4 Verteilt nun die Rollen für das Spiel der ganzen Geschichte:
- einen oder mehrere Vorleser,
- die drei Räuber,
- das Gespenst,
- das Schlosstor (zwei Kinder).

Die Kinder im Kreis machen alle Geräusche mit und beantworten die Fragen.
Einige Kinder können auch Bäume oder den Stein darstellen.

Sieben Esel und noch einer

Bernhard Lins

Frau:
Du, Mann, komm bitte einmal her,
schau, unsre Kasse, die ist leer.

Mann:
Schon wieder! Ja, wie oft denn noch!
Ich glaub, die Kasse hat ein Loch.

1. Erzähler:
So beschloss der Mann, zum Markt zu laufen,
um seine Esel dort zu verkaufen.
Was anderes ist ihm nicht übrig geblieben.
Er trieb sie zusammen. Es waren sieben.

Mann:
Sind meine Esel alle da?

2. Erzähler:
Die Esel schrien:

Esel:
I–ah! I–ah!

2. Erzähler:
Einen Esel sattelte er,
stieg auf und trieb die andern her.
Er war am Markt noch nicht angekommen,
da hat er noch einmal zu zählen begonnen.

Mann:
Eins, zwei, drei, vier, fünf, sechs! Nur
vom siebten Esel keine Spur!

3. Erzähler:
Er zählte nur sechs, weil er vergaß,
dass er selbst auf dem siebten Esel saß.
Da hat der Mann aber blöd beschaut.

Mann:
Man hat mir den siebten Esel geklaut!

4. Erzähler:
Er kehrte um und am Abend dann
kam er wieder zu Hause an.

Mann:
Du, Frau, heute Morgen waren es sieben.
Da fehlt doch einer. Wo ist der geblieben?

Frau:
Ich zähle sieben.
Lieber Mann, hör mir zu.
Ich zähle sieben Esel.
Und der achte bist du!

4. Erzähler:
Dann haben die beiden ganz herzlich gelacht,
und erst am nächsten Morgen an ihre Kasse gedacht.

1 Wie könnt ihr
die Geschichte spielen?
Die Bilder helfen euch.

Personen:	Frau
	Mann
	4 Erzähler
	7 Esel

- Singgestaltend vorlesen
- Bildanregungen aufgreifen
- Einen Text inszenieren

- Lernen: S. 142, 146
- Fantasie: S. 132/133
- Darstellendes Spiel: S. 188

Wichtige Fachwörter

ABC

▸ Seite 6, 22

Das ABC ist eine Liste aller Buchstaben von A bis Z.
Man nennt es auch Alphabet.

A B C D E F G H I J K L M N O P Qu R S T U V W X Y Z

a b c d e f g h i j k l m n o p qu r s t u v w x y z

Absatz/Abschnitt

▸ Seite 68, 74, 140, 152, 157, 160, 165, 173

Ein Absatz oder Abschnitt ist ein Teil eines ▸ Textes.
Du erkennst Absätze daran, dass zwischen ihnen eine leere ▸ Zeile steht.

erster Absatz:
Das Fell von Katzenbabys ist nach der Geburt
noch kurz, und die Kätzchen sehen nackt aus.
Sie können nicht sehen und nicht hören.

Zeile →

zweiter Absatz:
Die Katze füttert ihre Jungen mit ihrer Milch
und beschützt sie.

Autorin/Autor

▸ Seite 90, 98/99, 148/149, 160/161, 180/181, 204–207

Ein Autor ist derjenige, der eine ▸ Geschichte, ein ▸ Gedicht oder ein Buch geschrieben hat. Du findest den Namen des Autors häufig unter der ▸ Überschrift oder am Ende eines ▸ Textes bzw. auf dem Buchdeckel.

Überschrift → **Regenwurmtage**

Autor/Autorin → Antje Damm

Bücherei

▸ Seite 86/87, 88/89, 99

In einer Bücherei kann man Bücher und andere ▸ Medien ausleihen. Eine Bücherei nennt man auch Bibliothek.

Comic

▸ Seite 86/87, 94–97, 100, 134/135

Ein Comic ist eine bestimmte Art von Bildergeschichte. Was die Personen sagen oder denken, steht meist in Sprechblasen.

Erzählbild

▸ Seite 18, 86, 124, 162

Ein Erzählbild ist ein Bild, zu dem man eine ▸ Geschichte erzählen oder schreiben kann.

Gedicht

▸ Seite 161, 174–181

Ein Gedicht besteht aus kurzen ▸ Versen. Die Wörter am Ende der Verse reimen sich oft.

Ich freu mich auf den Frühling ← Überschrift
Regina Schwarz ← Autor/Autorin

Nach draußen laufen, Sonne fühlen, ← Vers
zum ersten Mal im Sand rumwühlen,

mit Glitzerseifenblasen <u>tanzen</u>, ← Reim
die ersten Frühlingsblumen <u>pflanzen</u>, ← Reim

Geschichte

▸ Seite 38, 58, 78, 113, 160, 162–173

Eine Geschichte ist ein ▸ Text, in dem etwas erzählt wird. Geschichten können interessant, spannend, lustig oder auch traurig sein.

Finja und Pocito
Lieselotte Helmlich

Draußen ist es sonnig und warm.
Aber das ist Finja egal. Finja ist traurig.
Sie sitzt in ihrem Zimmer und denkt an Pocito.
Pocito ist Finjas Kater –
oder besser gesagt: Pocito war Finjas Kater.
Denn Pocito ist jetzt tot.
Der Tierarzt hat gesagt, dass da etwas im Bauch
von Pocito gewachsen ist, das da nicht hingehört.
Tumor nannte er dieses Ding.
Pocito musste operiert werden,
aber er ist nicht wieder gesund geworden.

Hörbuch

▸ Seite 45, 86/87

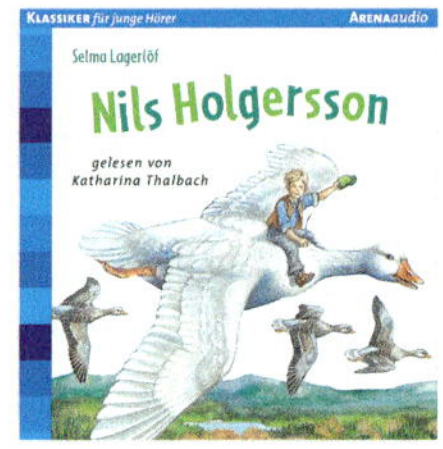

In einem Hörbuch werden ▸ Geschichten, ▸ Gedichte oder ▸ Sachtexte vorgelesen.

Hörspiel

▸ Seite 86/87

In einem Hörspiel wird ein ▸ Text von mehreren Personen gelesen. Manchmal wird dazu auch Musik gespielt.

Inhaltsverzeichnis

▸ Seite 2/3, 4, 198–203

Ein Inhaltsverzeichnis findet man meistens am Anfang oder am Ende eines Buches. Es gibt die Seiten an, auf denen die ▸ Texte des Buches zu finden sind.

Kapitel

▸ Seite 2/3, 4/5

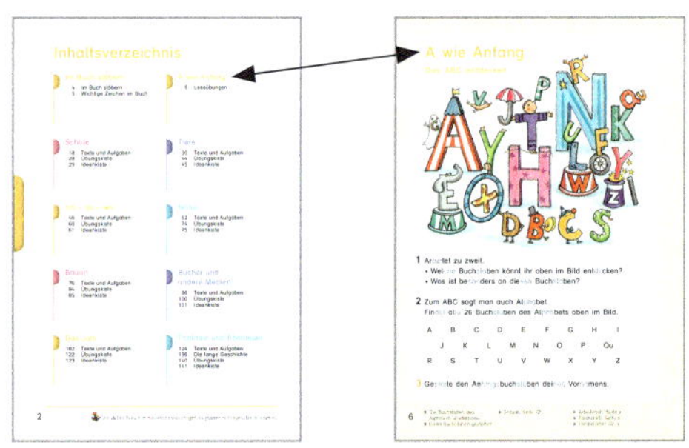

Ein Kapitel ist ein Teil eines Buches. Meistens haben Kapitel eine eigene ▸ Überschrift.

Lexikon

▸ Seite 41, 68, 71, 156/157

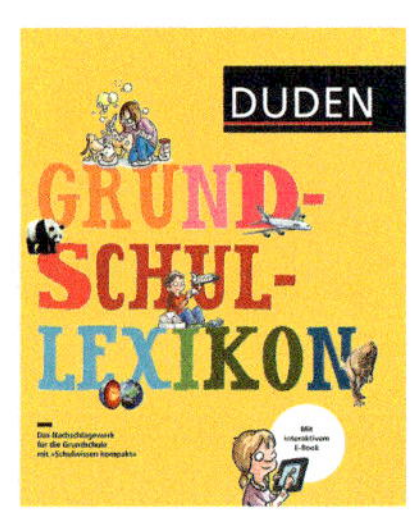

Ein Lexikon ist ein Buch, in dem man Erklärungen nachschlagen kann. Die ▸ Überschriften im Lexikon sind nach dem ▸ ABC geordnet.

Märchen

▸ Seite 164/165

Märchen sind alte ▸ Geschichten.
Oft kommen Hexen, Zauberer, Prinzessinnen, Geister oder Fantasietiere darin vor.
In Märchen siegt fast immer das Gute.

Der Froschkönig
Dornröschen
Schneewittchen
Der gestiefelte Kater
...

Medien

▸ Seite 45, 86/87

In einer ▸ Bücherei kann man verschiedene ▸ Medien ausleihen.
Sie können gedruckt sein, zum Beispiel Bücher und Zeitschriften.
Es gibt aber auch Medien, die man sich anhören oder ansehen kann:
CDs, CD-ROMs, Kassetten (MCs), DVDs, MP3s. Dazu benötigt man spezielle Geräte wie CD-Player, Kassettenrecorder, MP3-Player, Fernseher oder Computer.

Notizen

▸ Seite 154, 156/157

Notizen sind einzelne Wörter oder kurze Sätze, die man aufschreibt, um sich etwas zu merken.

Zeile 2:
Stacheln
aus Horn

Reim

▸ Seite 23, 103, 111, 116, 122, 161, 174–176

Reime sind Wörter, die ähnlich klingen.
Sie kommen vor allem in Liedern und ▸ Gedichten vor.

Haus – Maus
laufen – kaufen
nett – fett

Sachtext

▸ Seite 33, 40/41, 68, 71, 110, 115, 157, 160

Ein Sachtext informiert über Lebewesen und Dinge.

Wie Nebel entsteht
Ursula Schwarz
Manchmal kannst du es selbst erfahren:
Du atmest die Luft aus,
und wenn es draußen kalt ist, bildet sich
eine kleine Nebelwolke vor deinem Mund.
Das ist der Wasserdampf, der bei Kälte entsteht ...

Strophe

▸ Seite 23, 63, 77, 103, 105, 116, 121, 122, 161, 174–181, 185

Ein ▸ Absatz oder Abschnitt in einem ▸ Gedicht heißt ▸ Strophe. Eine Strophe besteht aus mehreren ▸ Versen.

Ich freu mich auf den Frühling

Regina Schwarz

Strophe { Nach draußen laufen, Sonne fühlen, ← Vers
zum ersten Mal im Sand rumwühlen,

mit Glitzerseifenblasen tanzen,
die ersten Frühlingsblumen pflanzen,

Tabelle

▸ Seite 158/159, 160

In einer Tabelle werden Informationen übersichtlich und geordnet dargestellt. Eine Tabelle hat Felder, ▸ Zeilen und Spalten.

Spalte ↓ · Zeile → · Feld ←

	Montag	Dienstag	Mittwoch	Donnerstag	Freitag
1. Stunde	Deutsch	Religion	Religion	Musik	Englisch
2. Stunde	Mathe	Deutsch	Mathe	Englisch	Sach-unterricht

Text

▸ Seite 15, 41, 48, 68, 152–161

Ein Text besteht aus mehreren Sätzen, die zusammen etwas erzählen oder erklären. Texte haben meistens eine ▸ Überschrift. ▸ Gedichte, ▸ Geschichten, ▸ Sachtexte oder ▸ Märchen – das alles und noch viel mehr – sind Texte.

Gedichte

Geschichten

Sachtexte

Märchen

Comics

...

Titel

▸ Seite 37, 57, 87, 90, 100, 127, 139, 148/149

Jedes Buch hat einen Titel.
Der Titel sagt, wie das Buch heißt,
und soll Lust machen, das Buch zu lesen.

← Titel

Überschrift

▸ Seite 41, 122, 160/161

In der Überschrift steht,
worum es in dem ▸ Text geht.
Die meisten Texte
haben eine Überschrift.
Die Überschrift soll zum Lesen anregen.

Piratenleben ← Überschrift

Martin Nader

400 Jahre ist es etwa her,
da heuerte William ...

Vers

▸ Seite 107, 122, 161

Eine ▸ Zeile im ▸ Gedicht
nennt man Vers.
Verse sind meistens kurz.
Am Ende der Verse
stehen oft Reimwörter.

Ich freu mich auf den Frühling

Regina Schwarz

Nach draußen laufen, Sonne fühlen, ← Vers
zum ersten Mal im Sand rumwühlen,

mit Glitzerseifenblasen tanzen, ← Reim
die ersten Frühlingsblumen pflanzen, ←

Zeile

▸ Seite 127, 154/155, 158, 160/161

Eine Reihe in einem ▸ Text
oder in einer ▸ Tabelle
nennt man Zeile.
Man liest sie von links nach rechts.

Piratenleben

Martin Nader

400 Jahre ist es etwa her, ← Zeile
da heuerte William ...

Inhaltsverzeichnis

Im Buch stöbern

A wie Anfang

Schule

Tiere

Ich – du – wir

Natur

Fantasie und Abenteuer

Werkstatt: Lernen

Werkstatt: Texte verstehen

Werkstatt: Geschichten

Werkstatt: Gedichte

Werkstatt: Darstellendes Spiel

Anhang

Verzeichnis der Autorinnen und Autoren

Unbekannte und ungenannte Autorinnen und Autoren

Pusteblume
Das Lesebuch 2
Neubearbeitung

Zum Lesebuch 2 gehören:

Lehrermaterialen 2 mit DVD-ROM	978-3-507-49495-4
Kopiervorlagen 2	978-3-507-49498-5
Hör-CD 2 zum Lesebuch	978-3-507-49504-3
Werkstatt-Heft Lesen 2	erscheint 2/2016
Sprachbuch 2	978-3-507-49442-8
Arbeitsheft 2 DS	978-3-507-49445-9
Förderheft 2 DS	978-3-507-49460-2
Forderkartei 2	978-3-507-49466-4
Ferienheft 2	erscheint 2016
Lehrermaterial 2	978-3-507-49451-0
Kopiervorlagen 2	978-3-507-49454-1
Digitale Lehrermaterialen 2 mit E-Book	978-3-507-49457-2
Interakive Tafelbiler CDR 2 (Einzellizenz)	978-3-507-49475-6
Interakive Tafelbiler CDR 2 (Schullizenz)	978-3-507-49478-7
Arbeitsheft inklusiv 2 DS	978-3-507-49469-5
Arbeitsheft inklusiv 2 GS	978-3-507-49488-6
Lernsoftware 2 Download (Windows)	web-507-49481
Lernsoftware 2 Download (Mac)	web-507-49484
Lernsoftware 2 Netzwerklizenz (Windows und Mac)	web-507-49439
App	web-507-49514

Druck A[1] / Jahr 2015
Alle Drucke der Serie A sind im Unterricht parallel verwendbar.

Redaktion: Claudia Kettrup
Herstellung: Katja Schumann
Umschlaggestaltung: Künkel – Büro für Gestaltung mit einer Illustration von Bettina Kumpe
Layout und Satz: VISIO Kommunikation GmbH, Bielefeld; AndersARTig Werbung & Verlag GmbH, Braunschweig; Katja Schumann
Druck und Bindung: westermann druck GmbH, Braunschweig

ISBN: 978-3-507-**49492**-3

Bildquellenverzeichnis:
Arco Images GmbH, Lünen: 43.1; Arena Verlag GmbH, Würzburg: 87.4 (Knister: Hexe Lilli zaubert Hausaufgaben), 194.1 (Selma Lagerlöf: Nils Holgersson); Avenue Images GmbH, Hamburg: 40.1 (Morales/agefotostock); Beltz & Gelberg in der Verlagsgruppe Beltz, Weinheim: 78.1–.4 (Erwin Moser: Mein Baumhaus), 79.1 (Erwin Moser: Mein Baumhaus), 92.1 (Philip Waechter: Der fliegende Jakob), 93.1 (Philip Waechter: Der fliegende Jakob), 93.2 (Philip Waechter: Der fliegende Jakob), 94.1 (Philipp Waechter: Die Geschichte meines Opas), 95.1–.3 (Philipp Waechter: Die Geschichte meines Opas), 96.1–.3 (Philipp Waechter: Die Geschichte meines Opas), 97.1–.3 (Philipp Waechter: Die Geschichte meines Opas), 99.1 (Philip Waechter: Die Geschichte meines Opas), 125.1 (Paul Maar: Dann wird es wohl das Nashorn sein), 193.2 (Philipp Waechter: Die Geschichte meines Opas); Bibliographisches Institut & F.A. Brockhaus AG, Mannheim: 194.5 (Duden Grundschullexikon); Blickwinkel, Witten: 42.1 (W. Layer); Carlsen Verlag GmbH, München: 91.2 (Rotraut Susanne Berners Wimmlinger Geschichten), 91.3 (Rotraut Susanne Berners Wimmlinger Geschichten), 91.6 (Rotraut Susanne Berners Wimmlinger Geschichten), 91.7 (Rotraut Susanne Berners Wimmlinger Geschichten), 91.10 (Rotraut Susanne Berners Wimmlinger Geschichten), 91.11 (Rotraut Susanne Berners Wimmlinger Geschichten), 100.1 (Hanna Sörensen: Tierkinder); Compact Verlag GmbH, München: 87.7 (Birgit Kuhn: Naturdetektive: Bäume und Sträucher); Deutscher Taschenbuch Verlag GmbH & Co. KG, München: 20.1 (Dagmar Geisler: Wandas erste Schulgeschichten), 21.1 (Dagmar Geisler: Wandas erste Schulgeschichten); Diogenes Verlag AG, Zürich: 90.2 (Maurice Sendak: Wo die wilden Kerle wohnen); Eckart Schott Verlag, Wattenheim: 100.4 (Derib+Job: Yakari 21: Yakari und der weiße Wal), 134.1 (Derib+Job: Yakari 21: Yakari und der weiße Wal), 135.1 (Derib+Job: Yakari 21: Yakari und der weiße Wal); Egmont Ehapa Verlag GmbH, Berlin: 87.3 (Ferry, J./Conrad, D., Asterix Band 35: Asterix bei den Pikten); fotolia.com, New York: 42.3 (Maslov Dmitry), 43.2 (Michael Prisille), 51.1 (Knipserin), 76.4 (Tiberius Gracchus), 76.6 (loca4motion), 153.1 (LeitnerR), 153.3 (awfoto); Gerstenberg Verlag GmbH & Co. KG, Hildesheim: 91.1-.5 (Rotraut Susanne Berners Wimmlinger Geschichten: Oskar Petra), 118.1 (S. Berner: Apfel, Nuss und Schneeballschlacht), 11 .1. S. Berner: Apfel, Nuss und Schneeballschlacht); Gruner + Jahr AG&Co KG, Hamburg: 9 .6 (GEOmini, Heft 5/14); HABA – Erfinder für Kinder, Habermaaß GmbH, Bad Rodach: 8 .10 (Gold am Orinoko); iStockphoto.com, Calgary: 50.1 (kali9), 50.2 (Steve Debenport), 76.1 (ra3m), 76.3 (searagen); Juniors Bildarchiv GmbH, Hamburg: 42.2 (Wildlife); Loewe Verlag GmbH, Bindlach: 126.1 (Cornelia Funke: Lesefant. Der Mondscheindrache), 127.1 (Cornelia Funke: Lesefant. Der Mondscheindrache), 127.2 (Cornelia Funke: Der Mondscheindrache. Lesepiraten); Moni Port, Frankfurt am Main: 98.1; Moritz Verlag GmbH, Frankfurt/Main: 100.2 (Rose Lagercrantz: Mein glückliches Leben), 143.1–.4 (Antje Damm: Alle Zeit der Welt); OKAPIA KG – Michael Grzimek & Co., Frankfurt/M.: 41.1 (imagebroker/rnu), 153.2 (Heinz Schrempp); Orell Füssli Verlag, Zürich: 100.3 (Pauli/Schärer: Nur wir alle); Panther Media GmbH (panthermedia.net), München: 40.2 (imager); Picture-Alliance GmbH, Frankfurt/M.: 68.1 (Robert Maier/Okapia KG), 76.2, 193.1 (Sueddeutsche Zeitung Photo); pixelio media GmbH, München: 162.1–.4, 162 .5 (Rike), 162.6 (Grey59); Ravensburger Buchverlag Otto Maier GmbH, Ravensburg: 87.2 (Wieso? Weshalb? Warum? Bd.4 Auf der Baustelle.), 87.5 (Marjorie Weinman Sharmat: Nick Nase auf der Saurierspur. Leserabe), 87.6 (Erhard Dietl: Der neue Fußball. tiptoi Leserabe); Röckener, Andreas, Oststeinbek: 124.1; Schwarz, Ursula, Lüdenscheid: 75.1; Shutterstock.com, New York: 51.2 (BestPhoto Studio), 51.3 (szefei), 76.5 (Juan R. Velasco), 157.1 (Pallando); Traxler, Hans, Frankfurt/Main: 130.1-.4 (Wenn Kühe Propeller hätten); Tulipan Verlag, München: 56.1 (Judy Blume: Luis und Amanda), 57.1 (Judy Blume: Luis und Amanda), 57.2 (Judy Blume: Luis und Amanda); Verlag an der Ruhr, Mühlheim an der Ruhr: 52.1 (Hiawyn Oram, Satoshi Kitamura: Der wütende Willi), 52.2 (Hiawyn Oram, Satoshi Kitamura: Der wütende Willi), 53.1 (Hiawyn Oram, Satoshi Kitamura: Der wütende Willi), 53.2 (Hiawyn Oram, Satoshi Kitamura: Der wütende Willi); Verlag Friedrich Oetinger GmbH, Hamburg: 34.1 (Sven Nordqvist. Wie Findus zu Pettersson kam), 35.1 (Sven Nordqvist. Wie Findus zu Pettersson kam), 36.1 (Erhard Dietl: Die Olchis und der Schmuddel-Hund), 37.1 (Erhard Dietl: Die Olchis und der Schmuddel-Hund), 37.2 (Erhard Dietl: Die Olchis und der Schmuddel-Hund), 87.1 (Sven Nordqvist: Pettersson und Findus: Eine Geburtstagstorte für die Katze), 87.8 (Heute will ich ein Olchi sein. Die schönsten Hits aus Schmuddelfink), 90.4 (Astrid Lindgren: Pippi Langstrumpf), 139.2 (Astrid Lindgren: Wir Kinder aus Bullerbü), 194.9 (Bullerbü – Die große Hörspielbox), 197.3 (Erhard Dietl: Die Olchis und der Schmuddel-Hund); Verlagsgruppe Random House GmbH, München: 90.8 (Ingo Siegner: Der kleine Drache Kokosnuss im Weltraum).